リアルな表現

ふだん使いの英会話

ネイティブが日常使っている
カジュアルなひとこと表現365

Chris J. Martin

はじめに

　本書『リアルな表現　ふだん使いの英会話』は、シンプルだけれども表情豊かなネイティブのイチ推し表現を満載しています。

　日常英会話での使用頻度が高く、短いネイティブ・フレーズばかりを 365 個厳選し、関連表現とともにひとまとめにして紹介していきます。

　本書に登場する英会話フレーズ（センテンス）は、

Oops!（p.32）、Guess what!（p.58）、Way to go!（p.148）、
I've got your back.（p.198）、Let me sleep on it.（p.248）

など、日本人があまり知らない 1 語〜 5 語までのショート・フレーズだけに的を絞り収集。短いけれどもネイティブが日常会話でよく使うニュアンス豊かなフレーズを厳選して掲載しました。

　読者の皆さんが本書をしっかり学習すれば、日本にいて日常会話ができる表現力が身につきます。

　365 の項目は、1 語フレーズ編〜 5 語フレーズ編に分類し、各章ではアルファベット順にフレーズ（センテンス）を紹介していますので、検索も容易です。

　また、365 のすべてのフレーズに関連表現をそれぞれ 2 〜 3 表現ずつ併載していますので、似た意味をもつ表現を一度に身につけることも可能です。

ぴったり 365 の項目を用意しましたので、1 日 1 フレーズ ずつ学習することを 1 年間の目標として掲げてもいいでしょう。

　いずれの表現も 5 語までの短いフレーズですので、とても 覚えやすく、また、いったん覚えてしまえば日常会話のあらゆ る場面で役に立ちます。

　本書には、ネイティブ同士の日常会話やドラマ・映画の台詞 としては頻繁に使われるけれども、教科書にはあまり登場しな い表現が数多く含まれていますので、一気に皆さんの日常英会 話力を補強して、表現の幅を広げてくれます。

　これまで知らなかった数多くのネイティブらしいニュアンス に富んだ表現を身につけて、ワンランク上の英会話を楽しんで いただければ、著者としてこれ以上のよろこびはありません。

2023 年 12 月　著者

本書の使い方

❶ フレーズ番号

　Chapter 1 ～ 5 で 365 の基本フレーズを紹介し、それぞれに 001 ～ 365 の番号をつけています。

❷ 基本フレーズ（001 ～ 365）

　Chapter 1 ～ 5 のそれぞれ左ページで 3 つの基本フレーズを紹介していきます。日常会話でよく使われている表情豊かでとても短いネイティブらしいフレーズを集めました。

❸ ダイアローグ

　左ページの基本フレーズが日常的にどのように使われているかを、右ページのダイアログの中で紹介しています。

❹ 関連表現

　基本フレーズと類似した意味をもつ表現を「関連表現」として紹介しました。それぞれ 2 ～ 3 フレーズの関連表現を紹介しています。すべての表現を合計すると、約 1,400 の表現を身につけることが可能です。

❺ アドバイス

　基本フレーズの意味やニュアンスに加え、「関連表現」についても解説しています。ほとんど辞書を使うことなく学習を進めることが可能です。

❻ カジュアル度、丁寧度の表示

　各フレーズがカジュアルな響きなのか、あるいは丁寧な感じなのかを項目の中で比較し、★☆☆、★★☆、★★★の 3 種類のマークをつけています。マークの意味は、「カジュアル度、丁寧度の表示について」を参照してください。

Contents

はじめに
本書の使い方
日常よく使うひとこと表現

索引

カジュアル度、丁寧度の表示について

　本書に登場するセンテンスは日常会話で使用可能ですが、それぞれの表現は、ややくだけていたり、なんとなく丁寧な響きをもっていたりするものです。

　本書ではその響きを紹介するために★☆☆、★★☆、★★★の3種類のマークで「カジュアル度」「丁寧度」を示しました。

　　★☆☆　ややスラングっぽい（くだけた）響きの表現
　　★★☆　ごく普通の響き
　　★★★　やや丁寧な響き

　★☆☆の表現は初対面の相手やビジネスの顧客相手に使うにはややくだけすぎている感じがしますので注意しましょう。特に使用に際して注意が必要な表現に関しては、アドバイスの中で取り上げて説明しました。

■音声データについて

　Chapter 1～5の左ページの英文、および右ページのダイアログを収録しています。音声は「英語のみ」と「日本語と英語」の2種類があります。

①【ASUKALA】アプリで再生

下記にアクセスして明日香出版社の音声再生アプリ【ASUKALA】をインストールすると、ダウンロードした音声を再生できます。

②音声データ（mp3形式）をダウンロード

パソコン、携帯端末でアクセスしてダウンロードしてください。

https://www.asuka-g.co.jp/dl/isbn978-4-7569-2303-5

※音声の再生にはmp3ファイルを再生できる機器などが必要です。機器、音声再生ソフトに関する技術的なご質問はメーカーにお願いします。ダウンロードサービスは予告なく終了することがあります。
※図書館ご利用者も音声をダウンロードしてご使用できます。

日常よく使うひとこと表現

出会いのあいさつ

Long time no see!	久しぶり！
How are you?	元気？
What's new?	最近どう？
What's up?	どうしてる？
What's going on?	最近どう？

別れのあいさつ

See you.	またね。
See you around.	またね。
See ya.	またね。
So long.	じゃあ、また。
Keep in touch.	連絡してね。

お礼

Thanks.	ありがとう。
Thank you.	ありがとう。
Thanks a lot.	本当にありがとう。
Thanks a million.	本当にありがとう。
I'm really grateful.	すごく感謝してます。

祝う、喜ぶ

Congratulations!	おめでとう！
Hats off to you!	おめでとう！
Good for you!	よかったね！よくやったね！
Good deal!	よかったね！
Lucky you!	ラッキーだね！よかったね！

ほめる

Cool!	すごいじゃん！
Nicely done.	すばらしい。
Score!	やったね！
Sweet!	よかったね！すばらしい！
Well done!	よくやったね！

気持ち（楽しい、おもしろい）

It was a blast!	最高に楽しかったよ！
It rocked!	最高に楽しかった！
That's sounds fun.	楽しそうだね。
You crack me up.	爆笑。
You make me laugh.	超、ウケる〜。

返事（肯定）

Yes.	はい。
Yeah.	ええ。
Yep.	ええ。
Sure.	もちろん。
Sure thing.	もちろん。

返事（否定）

No.	いいえ。
Nah.	いや。
Nope.	いや。
No way!	あり得ない！まさか！
That's unlikely.	それはなさそうですよ。

返事（あいまい）

Could be.	かもね。
I guess.	かもね。
I suppose.	そうかも。
I doubt it.	それはどうかな。
It's uncertain.	まだはっきりしない。

返事（了解）

Okay.	いいよ。
Gotcha.	了解。
Roger.	了解。
I got it.	わかった。
Understood.	わかった。

返事（引き受ける）

I will.	そうするよ。
I'd love to.	喜んで。
I sure will.	もちろん、そうするよ。
I'm in.	乗った。
I'll do it for you.	やりましょう。

返事（不可能）

No deal.	それは無理。
Not a chance.	絶対に不可能だよ。無理だね。
Nothing doing.	絶対に無理。
I can't help you.	私には手伝えないよ。
I wish I could.	そうできたらね（でもできない）。

断る

No thanks.	結構です。
Not me.	遠慮する。
Not this time.	今回はやめておくよ。
I'll pass.	私はパス。遠慮するよ。
Maybe next time.	また次の機会に。

肯定する（賛成、同意）

I agree.	賛成だよ。同感だよ。
I think so too.	私もそう思います。
Likewise.	私もです。
That's okay with me.	それでいいよ。
That's for sure.	その通りだね。確かに。

否定する（理解できない）

I don't get it.	理解できない。納得できない。
I don't get you.	わかりません。
I don't have any idea.	わからないよ。
I have no idea.	わからないな。
I don't think so.	そうは思わないな。

励ます

Next time.	今度は大丈夫だよ。
Hang in there.	がんばって。
Think positive.	ポジティヴにいこうね。
You can do it!	君ならできるよ！
Your time will come.	チャンスがきっと来るよ。

同感する、同情する

Good try.	がんばったじゃない。
Nice effort.	がんばったじゃない。
I feel you.	わかるよ。
I know how you feel.	気持ちはわかるよ。
I sympathize with you.	よくわかるよ。

ひと声かける

Enjoy!	楽しんでね！
Enjoy yourself.	楽しんできてね。
Take care.	気をつけてね。元気でね。
Be good.	気をつけてね。
Be careful.	気をつけてね。元気でね。

Chapter 1

1-Word Phrases
（1語フレーズ編）

1語フレーズ
---

001 Absolutely! ★★○　　もちろん！

関連表現
Sure. ★○○	もちろん。
Certainly. ★★○	当然。
Definitely. ★★★	もちろん。

absolutely はもともと「絶対に」という意味の副詞ですが、強く肯定したい場面の返事として Yes. の代わりによく使われます。ほかの3表現も同じように使えます。

---

002 Amen! ★★○　　それはいいね！

関連表現
I agree. ★★○	賛成だよ。
I'm glad. ★★○	それはうれしい。
That's a relief. ★★★	それはよかったです。

Amen. はもともとキリスト教のお祈りの締めくくりの言葉ですが、転じて現代の日常会話では「それはよかったね」「それには賛成」とポジティヴに反応するときに使われます。relief は「安心、安堵」の意。

---

003 ASAP! ★★○　　すぐに！

関連表現
Like yesterday! ★○○	急いでくれよ！
The sooner the better. ★★○	早いほどいいんだよ。
As soon as you can. ★★★	できるだけ早くね。

ASAP は As Soon As Possible（できるだけ早く）の略で、書き言葉でも会話の中でもよく使われます。Like yesterday! は「昨日みたいに！」→「昨日必要なんだよ！」と強く相手を急かす表現です。

A: Are you coming to the party this weekend?

今週末のパーティーには来るの？

B: **Absolutely!** I'm really looking forward to it.

もちろん！ すごく楽しみにしてるよ。

A: Did you hear the news?

ニュース聞いた？

B: What news?

何のニュース？

A: All public train stations are going to be non-smoking.

公共鉄道の駅が全部禁煙になるんだって。

B: **Amen!**

それはいいね！

A: Is that report I asked you to write finished yet?

書いてくれって頼んでおいた報告書はもうできたの？

B: Not quite.

まだなんです。

A: Well, I need it. **ASAP!**

いや、必要なんだよ。すぐに！

004

Bingo! ★○○   ビンゴ！

関連表現	**Exactly!** ★★○	その通り！
	That's right! ★★○	その通り！
	Correct! ★★★	正解！

Bingo! は、もともと「ビンゴ・ゲーム」でマスが揃ったときに発する言葉です。転じて「その通り！」という意味で使われています。

005

Bullshit! ★○○   （そりゃ）デタラメだよ！

関連表現	**Yeah, right.** ★★○	へえ、そうなの〔皮肉〕。
	That's not true. ★★★	それはないよ。
	I don't believe that. ★★★	それは信じられないよ。

Bullshit! は、相手の話に関して「ウソだよ」「デタラメだよ」と返答する場面で使います。ビジネス以外の日常会話ではよく使われています。Yeah, right. は、同感の表現のように思えますが、皮肉なニュアンスで使います。

006

Bummer. ★★○   残念。

関連表現	**That's too bad.** ★★○	それは残念ね。
	That's a shame. ★★○	それは残念ね。
	I'm sorry to hear that. ★★★	それは残念ですね。

Bummer. は悪い知らせを聞いて、相手に同情するときに使う「残念！」という意味の表現。bummer は「失望させるようなこと」という意味。What a bummer! や That's a bummer. というバージョンもあります。

A: **Guess what I did last night.**

昨日の夜、僕が何をしたかわかる？

B: **You finally asked Kelly to marry you?**

とうとうケリーに結婚を申し込んだの？

A: **Bingo! And she said "yes!"**

ビンゴ！ で、彼女「イエス」だって

B: **Congratulations buddy!**

おめでとう、バディー！

A: **I just heard on the news that doctors in England claim they found the cure to cancer!**

今ニュースで聞いたんだけど、英国の医者がガンの治療法を発見したんですって！

B: **Bullshit!**

デタラメだよ！

A: **Did you get the job you applied for?**

エントリーした仕事はゲットできたの？

B: **I went to the interview, but they never called me back.**

面接に行ったけど、返事の電話はいっさいかかってこなかったよ。

A: **Bummer.**

残念。

1語フレーズ

007

Check. *☆☆ 　　了解。

関連表現 **Gotcha.** *☆☆　　　了解。

Will do. **☆　　　いいよ。

I got it. **☆　　　わかった。

Check. は、もともとパイロットの専門用語で、飛行前の機器の「チェック OK」という意味。ここから転じて、相手の依頼に「了解」と返事をするときに使われるようになりました。Gotcha. は (I've) got you.(わかった)が短くなったもの。

008

Cheers! **☆　　　乾杯！

関連表現 **Here's to you!** **☆　　　君に乾杯！

Bottoms up! **☆　　　乾杯！

Skoal! **☆　　　乾杯！

Cheers! は米語では「乾杯」するときの代表的なかけ声。Here's to ... は「…に乾杯」。Bottoms up! は「(グラスの)底を上に向ける」が直訳ですが、これも「(ぐいっと)乾杯！」という意味です。Skoal! はもともとスカンジナビアの言葉です。

009

Cool! *☆☆　　すごいじゃん！

関連表現 **That's neat!** **☆　　　すごいね！

That's good! **☆　　　それはいいね。

Good for you! ***　　　よかったね。よくやったね。

Cool. は 1960 年代から「すごい」という意味を表すフレーズとして流行し、いまだにとてもよく使われています。neat はもともと「きちんとした」という意味ですが、ここでは「すごい」という意味。

A: Can you pick the kids up from school this afternoon?
I have to work late at the office.

今日の午後、子どもたちを学校に迎えに行ってくれない？

私は仕事が遅くなるのよ。

B: Check.

了解。

A: Thanks for coming out to celebrate my birthday!

誕生祝いに来てくれてありがとう！

B: Cheers!

乾杯！

A: I heard you got a scholarship to college!

大学の奨学金をゲットしたんだってね！

B: That's right. I got a full-ride scholarship for basketball.

その通り。バスケのフルライドの奨学金をもらったんだ。

A: Cool!

すごいね！

＊ full-ride scholarship は「学費」だけでなく、「寮費」や「教科書代」なども
含んだ「全額奨学金」のこと。

21

Cute. ★★☆　　つまんないね〜。

関連表現　**Very funny.** ★★☆　　ふ〜ん、おもしろいじゃん〔皮肉〕。
　　　　　Ha-ha. ★★☆　　ははは〔冷笑的〕。
　　　　　You're a real comedian. ★★☆　　超おもしろいね〔皮肉〕。

cute は、ここでは「かわいい」ではなく、「おもしろくない、かわいくない」という意味。言葉とはまったく逆の意味を表す、皮肉たっぷりの表現です。そのほかの関連表現も同じく皮肉がたっぷり込められた言い方。

Damn. ★☆☆　　最悪だね。

関連表現　**Darn.** ★☆☆　　がっかりだね。
　　　　　Dang. ★☆☆　　がっかりだね。
　　　　　Crap. ★☆☆　　最低だね。

damn はもともと God damn it. (チクショウ) のように使われていたタブー表現でしたが、現在では日常会話でも使われます。crap は、もともと「クソ」の意。どの表現も「しまった！」「チクショウ」などの意味でも使えます。

Deal. ★★☆　　OK（交渉成立）だよ。

関連表現　**Okay.** ★★☆　　いいよ。
　　　　　Sure. ★★☆　　もちろん。
　　　　　It's a deal. ★★☆　　OK。

deal は「取引（の成立）」がもとの意味。相手がこちらにいい条件を出して頼み事をしてきたときに「交渉成立だ、その条件でいいよ」というニュアンスで使われます。It's a deal. も同じ。

A: **How do you like my new haircut?**

新しい髪型どう？

B: **I'd say the scissors won the fight.**

ハサミによる勝利って感じかな。

A: Cute.

つまんないわね〜。

A: **Where's the bracelet you always wear?**

君がいつも着けているブレスレットはどうしたの？

B: **I left it at the bowling alley last night.**

昨日の夜、ボーリング場に置いてきちゃったのよ。

A: Damn.

そりゃ最低だね。

A: **If I give you some money, will you go buy me some cigarettes? I'll buy you a pack too.**

お金を渡したら、タバコを買ってきてもらえるかな？
君にも1箱おごるからさ。

B: Deal.

オーケー。

Ditto. ★○○　　　同感。

関連表現　**I agree.** ★★○　　　　　　　そうだよね。

I feel the same way. ★★★　　同じ気持ちですよ。

I couldn't agree more. ★★★　　まったく同感です。

ditto は、もともと文章の中での繰り返しを表す「〃」記号の呼び名ですが、転じて、自分も同感であることを表すために使われるようになったもの。couldn't agree more は「これ以上たくさん賛成できない」、つまり「まったく同感」ということ。

Enjoy! ★★○　　　楽しんでね！

関連表現　**Have a blast.** ★★○　　　楽しんでね。

Have a good time. ★★○　　楽しんでおいで。

Enjoy yourself. ★★★　　　楽しんでちょうだい。

Enjoy! は「楽しんできなさい」という意味で、ほかにも食事の前に「おいしく召し上がれ」という意味で使うこともあります。blast は、もともと「爆発」という意味ですが、ここでは「大きな楽しみ」という意味合いで使われています。

Freeze! ★○○　　　ストップ！ 動くな！

関連表現　**Hold it!** ★★○　　　　　　　動くな！ 待って！ そのまま！

Don't move! ★★○　　　　　動かないで！

Stop! ★★○　　　　　　　　　ストップ！

freeze はもともと「凍結」という意味。そこから転じて「動くな！ ストップ」という意味の1ワードの命令文になったもの。ドラマなどで警察官が犯人に向かって使うシーンもよく見かけますが、日常会話でも使えます。

24

A: I can't stand the new boss. He is stubborn, grouchy and always complaining.

新しい上司には我慢できないわ。ガンコで気難しいし、いつも文句ばかり言ってる。

B: Ditto.

同感。

A: Mom ... can I spend the night at Suzie's house tonight?

母さん、今夜ひと晩スージーの家で過ごしてもいいかな？

B: Is it okay with her parents?

彼女のご両親は大丈夫なの？

A: They said it's okay.

大丈夫だって。

B: Enjoy!

楽しんでおいで！

A: Freeze!

ストップ！

B: What?!

えっ！

A: I want to take your picture just like that.

その感じの君の写真が撮りたいんだよ。

016

Here. **○   はい、これ。

関連表現 **Here you are.** **○   はい、どうぞ。

Here you go. **○   はい、どうぞ。

There. **○   はい、どうぞ。

アメリカ英語では、物を渡すときに、Here you go/are.（はい、どうぞ）、あるいは、There you go/are.（はい、どうぞ）とひとこと言いながら差し出します。これらを短くしたものが、Here. と There. です。

017

Impossible! **○   あり得ない！

関連表現 **Get out!** *○○   またまた〜！

No way! **○   あり得ない！ まさか！

I don't believe that. ***   うそでしょ。

相手の言葉がまったく予想外で、信じがたい場面で使うひとことです。相手が話している情報にかなり驚いていることが伝わります。Get out! は「出て行け（このウソつき）」、No way! は「（そんなことが起こる）方法がない」が直訳。

018

Kudos. **○   おめでとう。

関連表現 **Good job.** **○   すばらしい。

Nicely done. **○   すばらしい。

Congratulations. ***   おめでとう。

「賞賛、名誉」などを表すギリシャ語 kydos が変化し、英語で kudos として使われるようになったもの。現代ではだれもが使うほめ言葉となっています。Kudos to you.（おめでとう）も同じ。Congratulations. は、末尾の -s を忘れないこと。

A: **Could you please hand me that folder?**

そのフォルダー取ってもらえる？

B: Here.

はい、これ。

A: **Thank you.**

ありがとう。

A: **Did you hear that Tom had a heart attack today?**

トムが今日、心臓発作を起こしたっていうのは聞いたかい？

B: Impossible! I just played tennis with him yesterday!

あり得ないわよ！ 昨日、彼とテニスしたばかりなのに！

A: **What are you so happy about, Ken?**

ケン、なんでそんなにうれしそうなの？

B: **I just got promoted at work. I'm on salary now.**

仕事で昇進して、月給制になったんだよ。

A: Kudos.

おめでとう。

019

Later. **★★☆** またね。

関連表現 **See you.** ★★☆ またね。

See you around. ★★☆ またね。

Goodbye. ★★☆ じゃあね。

See you. や Later. は、いずれも See you later.（またあとで会いましょう、また今度）が短くなったものです。See you around. は Around. のようには省略できないので注意しましょう。

020

Likewise. **★★☆** 私もです。

関連表現 **Right back at you.** ★☆☆ そうだね。

Same to you. ★★☆ こちらこそ。

I think so too. ★★☆ 私もそう思います。

likewise は「同様に」という意味の副詞。会話で使うと、「自分も相手と同じ気持ちだ」と同意する表現になります。ポジティヴな言葉への返事に使いましょう。Have a nice day!（良い一日を！）に対して「あなたもね」と言うときにも使えます。

021

Man. **★☆☆** なんてこった。

関連表現 **Holy shit/cow!** ★★☆ なんてことだ！

Unbelievable! ★★☆ 信じられない！

Oh my god! ★★☆ なんてこと！

聞いた話に反応して驚いたり、残念に思ったときに使えるひとこと。Man. は間投詞で、Man, that's terrible.（なんてこった、それはひどい）などが省略されたもの。Holy shit/cow! も「なんてこと！ うわあ！」といった驚きを表す表現です。

A: I've got to get going, Joe. See you next time.

ジョー、私はそろそろ行かなきゃ。また今度ね。

B: Later.

またね。

A: It was really nice meeting you. I really enjoyed our conversation.

お会いできてよかったです。会話がとても楽しかった。

B: Likewise. I hope we can do it again soon.

こちらこそ。またすぐに会いたいですね。

A: Me too!

そうですね！

A: Did you see the news last night?

昨夜のニュース見た？

B: No. What happened?

いや、何があったの？

A: There was a huge earthquake in Indonesia. Thousands of people died.

インドネシアで大地震があったのよ。何千もの人が亡くなったの。

B: Man.

なんてこった。

1 語フレーズ

022

Maybe. ★★○ たぶんね。

関連表現 **I might.** ★★○ かもね。

We'll see. ★★○ さあ。

Perhaps. ★★★ おそらくね。

I'm not sure.（はっきりわからない）や I'm thinking about it.（考えてるところ）などを短く言いたいときに便利な表現。We'll see. は「（待っていれば）わかるさ」がもともとの意味。

023

Nada. ★★○ 何もないよ。

関連表現 **Zip.** ★○○ なんにも。

Zilch. ★○○ なんにも。

Nothing. ★★○ 何もないよ。

アメリカはメキシコに接しているため、よくスペイン語を会話の中で使います。この Nada. もその一例です。Zip. や Zilch. も「何もない」という意味。zip はスポーツの会話で「0 点」を表すときにもよく使われます。

024

Nope. ★★○ いや。

関連表現 **Nah.** ★○○ いや。

Uh-uh. ★○○ いや。

No. ★★○ いいえ。

否定の返事として最も知られているのは No. ですが、一般の会話では、くだけた Nope. や Nah. または Uh-uh. などもよく使われます。ただしフォーマルな場面では、やはり No. を用いておくのがいいでしょう。

30

A: Are you really thinking about going back to college?

ホントに大学に戻ることを考えているの？

B: Maybe. I haven't decided yet.

たぶんね。まだ決めてはいないんだけどね。

A: What do you have planned for this weekend?

今週末の予定は？

B: Nada. Why?

何もないわ。どうして？

A: Do you feel like going fishing?

釣りに行くのはどう？

A: I heard you got laid off. Have you found another job yet?

仕事を解雇されたって聞いたけど、ほかの仕事はもう見つかっ
たの？

B: Nope. But I do have an interview this Friday.

いや。でも、今度の金曜に面接があるんだ。

A: Good luck!

幸運をね！

Oops! ★○○　　お〜っと！ やっちまったな〜！

関連表現　**Wrong move!** ★○○　　　　やばいじゃん！

That was a mistake. ★★○　　それは失敗だったね。

You shouldn't have done that. ★★★　それはまずいね。

Oops. は、自分が失敗したときに「しまった」という意味で使いますが、ここでは、相手の間違えを軽くからかう「おっと、やっちゃったね」というニュアンス。Oops! と Wrong move! は親しい間柄以外では使わないほうがいい表現です。

Ow! ★★○　　痛っ！

関連表現　**Ouch!** ★★○　　　　　　痛いっ！

That hurts! ★★○　　　　痛いってば！

いずれも、「痛い！」と声を上げるときのひとこと。That hurts. だけは、相手に何かされて「痛いよ！」「痛いってば！」と返すひとことなので、ほかの2表現とはちょっと違います。

Perfect. ★★○　　最低〔皮肉〕。

関連表現　**That's great.** ★★○　　　それはいいや〔皮肉〕。

Just great. ★★○　　　　それはいい〔皮肉〕。

Just what I needed. ★★○ そうなってほしかったんだ〔皮肉〕。

いずれも、もとの意味とは真逆の意味で、皮肉なニュアンスを含んでいます。Perfect. は「完璧、最高」の逆で「最低」という意味。Just what I needed. の直訳は「ちょうど私に必要だったものだ」ですが、ここでは皮肉の込もった意味合いです。

A: I can't believe my bad luck.

僕って、なんて運が悪いんだ！

B: What happened?

どうしたのよ？

A: I hit a car in the parking lot, and it turned out it was the boss's car!

駐車場で車にぶつけて、それが上司の車だってわかったんだ。

B: Oops!

お〜っと！

A: Ow!

痛っ！

B: What's the matter?

どうしたの？

A: You just stepped on my foot!

君が僕の足を踏んづけたんだよ！

B: Oh, I'm sorry. I didn't even notice.

ああ、ごめんね。気づきもしなかったわ。

A: I'm really looking forward to the golf outing this weekend.

今週末のゴルフ、すごく楽しみなんだよね。

B: Haven't you seen the weather report? There's a typhoon coming.

天気予報は見てないの？　台風が来てるのよ。

A: Perfect.

最低。

＊ outing「小旅行、団体行事」

Please! **□   お願い！

関連表現 **Come on!** *☆☆　　　　ねえ〜、お願い！

Pretty please! **☆　　超、お願〜い！

I'm begging you! ***　お願いだから！

Please! は、どうしても相手に何かを頼みたいときに使えるひとこと。「プリ〜〜ズ」のように延ばした発音にしましょう。Come on! は「お願い！」のほかに「その調子、しっかり」「まさか、こらこら」などいろいろな意味で用いられます。

Relax! **☆   落ち着いて！

関連表現 **Calm down!** **☆　　　落ち着いて！

Cool off! **☆　　　頭を冷やせよ！

Chill out! *☆☆　　落ち着きなよ！ 頭を冷やせよ！

relax には「ゆっくりする」あるいは「のんびりする」という意味がありますが、このように命令文で使うと「落ち着いてよ」という意味になり、興奮している相手の頭を冷やすときに使えます。動詞 chill にも同様の意味があります。

Roger. *☆☆   了解。

関連表現 **Roger that.** *☆☆　　　了解。

Understood. **☆　　わかった。

I understand. ***　わかりました。

相手の指示や依頼を理解したときや、了解したときに使われるクールな響きのひとこと。もともとパイロットの言葉で、映画に登場する戦闘機の操縦士などがよく使っています。Understood. は「（あなたの言葉は）理解された」が直訳。

34

A: Dad, can we stop and get some ice cream?

パパ、ちょっと停車して、アイスを買ってくれない？

B: No, we haven't eaten dinner yet.

ダメだよ。まだ夕食を食べてないしね。

A: Please!

お願い！

B: Oh, alright.

う〜ん、わかったよ。

A: Did you hear what that guy said? I'm gonna kill him!

あいつの言ったこと聞いた？　あの野郎、やってやる！

B: Relax! I'm sure he didn't mean to insult you.

落ち着いてよ！　あなたを侮辱したわけじゃないわよ。

A: Would you turn that TV down please? I can't sleep with all that noise!

テレビの音を小さくしてくれない？　うるさくて眠れないわ！

B: Roger.

了解。

031

Score! ★★☆☆　　　やったね！

関連表現　**Alright!** ★★☆☆　　　いいじゃん！

Sweet! ★★☆☆　　　よかったね！

Good deal! ★★☆☆　　　よかったね！

Score! は「得点する」という意味から転じて「やったね！　やった！」、Sweet! は「すばらしいね、よかったね」という意味。Good deal. は「いい取引」が直訳ですが、商売と関係ない会話でも「よかったね！」という意味で使われます。

032

Seriously? ★★☆　　　マジ？

関連表現　**Are you kidding?** ★★☆　　　冗談でしょ？

Are you serious? ★★☆　　　ホントに？

Really? ★★☆　　　本当？

相手の言葉を聞いて「本当に？」「まじめに？」「マジで？」とたずね返す表現。すべて疑問文なので、尻上がり調で発話します。kid は「子ども」の意味の名詞ではなく、「冗談を言う」という意味の動詞。

033

Shit! ★☆☆　　　クソっ！

関連表現　**Shoot!** ★★☆　　　チッ！

Shucks! ★★☆　　　チェッ！

Rats! ★★☆　　　あ〜ぁ！

Shit!（クソっ！）は下品な言葉でタブーとされていましたが、最近では日常会話でも使われています。Shoot! は Shit! の代わりに使われる表現です。Shucks! は、やや古臭くダサい響き。もともとは「コーンの皮」つまり「役に立たないもの」という意味。

A: That's a nice-looking TV. How much did you pay for it?

いいテレビだね。いくら払ったの？

B: I bought it last week because it was on sale. I got it for 50% off.

先週セールだったから買ったのよ。50％オフで手に入れたの。

A: Score!

やったね！

A: I'm thinking about quitting my job and joining the Peace Corps.

仕事を辞めて、ピース・コープに入ろうかと思ってるの。

B: Seriously?

マジ？

A: I want to help people less fortunate than me.

私よりも不幸な人たちの手助けをしたいのよ。

* Peace Corps は、開発途上国を援助する米国政府によるボランティア活動のこと。

A: You didn't happen to see a wallet around here, did you?

この辺で財布を見かけたりしなかったよね？

B: Nope. Sorry.

ごめん、見てないわよ。

A: Shit! I was sure this was where I left it.

クソっ！ ここに置いてたと思ったんだけどな。

034

Sweet! **○   すばらしい!

関連表現 **Awesome!** **○   すごい! カッコいい!

Great! **○   すごい!

Fantastic! **○   すばらしい!

この Sweet! は「甘い」ではなく、「すばらしい!」という意味で、ポジティヴな感想が伝わる表現です。Awesome. はかつては「恐ろしい、すさまじい」という意味でしたが、現在では「すごい、カッコいい」という意味が残っています。

035

Whenever. **○   いつでもいいよ。

関連表現 **Anytime is fine.** **○   いつでもかまわないよ。

Anytime you like. ***   お好きな時間でいいですよ。

Anytime is good for me. ***   いつでも大丈夫ですよ。

Whenever. は待ち合わせなどの時間をたずねられたときに、「いつでもいいよ」と相手に返すときの表現。Whenever is good for you.(あなたのいいときならいつでも)がもとの形です(No. 360 参照)。

036

Whoa! *○○   待って! 待てよ!

関連表現 **Wait!** **○   待って!

Hold your horses! **○   待て待て!

Just a minute! ***   ちょっと待って!

Whoa! はもともと馬を停めるときのかけ声。転じて「待て! 待って!」と相手をいさめる言い方として使われています。Hold your horses. も「馬を抑えていなさい」から転じて「待ちなさい」という意味で使われるようになったものです。

A: **Check out this picture.**

この写真、見てよ。

B: **Who's car is that?**

それ、誰の車？

A: **It's my brother's brand-new Ferrari.**

僕の兄のフェラーリの新車なんだ。

B: **Sweet!**

すばらしい！

A: **What time do you want to meet for lunch this Saturday?**

今度の土曜のランチは何時に待ち合わせる？

B: **Whenever.**

いつでもいいよ。

A: **How about noon, then?**

じゃあ、お昼ちょうどは？

B: **That's fine with me.**

僕はかまわないよ。

A: **I think I am going to ask Linda to marry me this weekend.**

今週末、リンダに結婚を申し込もうと思ってるんだ。

B: **Whoa! Are you sure? You've only been dating for two months!**

待って！ ホントに？ まだ２カ月しか付き合ってないじゃないの！

1語フレーズ

Whoo-hoo! ★☆☆　　　　やりー！

関連表現 **Yippee!** ★★☆　　やったー！

Yee-haw! ★★☆　　ヤッホー！

いずれも「やったー！」と喜びを表すときのひとこと。Whoo-hoo! は「ウーフー」、Yippee! は「イッピー」、Yee-haw! は「イーハー」のように発音しましょう。

Yeah. ★★☆　　　　ええ。

関連表現 **Uh-huh.** ★☆☆　　うんうん。

Yep. ★★☆　　ええ。

Yes. ★★★　　はい。

教科書では、「はい」と言えば Yes. で表現するのが一般的ですが、実際の会話では Yeah. や Yep. あるいは Uh-huh. などのくだけた形のほうがよく使われます。ただし、Uh-huh. だけは、ビジネスで使うにはくだけすぎています。

A: **Can we go to the beach this weekend?**

今週末、海に行かない？

B: **I don't see why not.**

もちろん、いいよ。

A: Whoo-hoo!

やりー！

A: **Did you watch the Oscars last night?**

昨夜のアカデミー賞は見たの？

B: Yeah. **I watched most of it. How about you?**

うん、ほとんど見てたよ。君のほうは？

A: **I fell asleep before it started.**

私は始まる前に眠っちゃったの。

Chapter 2

2-Word Phrases
（2語フレーズ編）

039

Allow me. ***　　　手伝いますよ。

関連表現 **I'll get that for you.** **○　　僕がやるよ。

Let me do that (for you). **○　僕に任せて。

ドアを開けてあげたり、荷物を運んであげたりしたいときに、相手に向かってかけてあげるひとこと。Allow me. は Allow me to help you.（手伝うことを許してください）がもとの形です。

040

Any ideas? **○　　　アイデアはある？

関連表現 **Any suggestions?** **○　おすすめはある？

Any thoughts? **○　　何か思いつく？

What would you do? ***　あなたならどうする？

自分ではどうすればいいかわからない、アイデアが浮かばないときなどに、相手にアドバイスを求める表現です。What would you do? は「もしあなただったらどうする？」という仮定法の表現です。

041

Anything's possible. **○　なんだってあり得るよ。

関連表現 **Anything can happen.** **○　何が起こるかわからないよ

You never know. **○　さあねえ。

何がどうなるかわからない状況で「なんでもあり得るよ、さあねえ」といったニュアンスを伝える表現です。You never know. は「さあね、先のことはわからないよ」という意味合いになるひとこと。

A: **This suitcase is really heavy!**

このスーツケース、ものすごく重たいわ！

B: Allow me.

手伝いますよ。

A: **I need to get Julie something for her birthday, but I don't know what to buy.** Any ideas?

ジュリーの誕生日に何か買ってあげなきゃいけないんだけど、何を買えばいいかわかんなくて。アイデアはある？

B: **I know she likes French food. Why don't you take her out to dinner?**

彼女フランス料理が好きだよね。ディナーに連れ出したら？

A: **Do you think someday people will be living on another planet?**

いつの日か、人間はほかの惑星に暮らしていると思う？

B: Anything's possible.

なんだってあり得るよ。

Beats me. さっぱりわからん。

関連表現 **I don't have a clue.** さっぱりだよ。

I don't have any idea. わからないよ。

I don't know. さあね。

beat は「打ち負かす」という意味の動詞。That question beats me.（その質問には負けたよ＝さっぱりわからないよ）などが短くなって Beats me. と表現されるようになったもの。clue は「手がかり」。

Be honest. 正直に言ってよ。

関連表現 **Be straight with me.** 率直に言って。

Tell it like it is. 思った通りに言って。

Don't lie. 正直に言ってよ。

いずれも相手の正直なコメントを引き出したいときに使うひとことです。honest は「正直な」、straight は「率直な」、like it is は「ありのままに」、lie は「ウソをつく」という意味です。

Butt out. 口を出すなよ。

関連表現 **Take a hike.** あっちに行けよ。

None of your business. 君には関係ないよ。

Mind your own business. 関わらなくていいから。

いずれも「人の話に口を突っ込むな」という意味。Butt out. は Get your butt out of here.（お前のケツをここから外に出せ＝ここから出て行け）が短くなったもの。Take a hike. は「ハイキングしてこいよ」→「話に口を出すな」ということ。

A: Who do you think is going to be elected Prime Minister?

首相には誰が選ばれると思う？

B: Beats me. I don't follow politics.

さっぱりわからん。政治には詳しくないから。

A: What do you think about the new furniture?

新しい家具どう思う？

B: Well ... it's pretty nice.

うん、わりといいかな。

A: Be honest.

正直に言ってよ。

A: So, Katy ... I need to borrow fifty dollars if you can spare it.

でさ、ケイティー…できたら 50 ドル貸してもらえないかな。

B: That's no problem.

いいわよ。

C: What are you guys talking about?

ふたりで何の話してるの？

A: Butt out.

口を出すなよ。

045

Can do. ●○○　　　　　　いいですよ。やりますよ。

関連表現 **Okay.** ●○○　　　　　　　　　いいよ。

Sure I will. ●●○　　　　　　ええ、やりますよ。

I can do that (for you). ●●●　できますよ。

Can do. は I can do that. を略した言い方。カジュアルな響きが出せるので、日常会話ではとてもよく使われます。スラングではありますが、いつ誰に使っても問題はありません。

046

Can't complain. ●●○　　　　　まあまあかな。

関連表現 **Not bad.** ●●○　　　　　　　　悪くはないよ。

About the same. ●●○　　　相変わらずだよ。

So-So. ●●○　　　　　　　　まあまあかな

can't complain は「文句は言えない」が直訳ですが、実際は「まあまあだね、悪くはないよ」といった気持ちを表します。関連表現はすべて同じような気持ちを表す返事になっています。

047

Come again? ●○○　　　　　　え？ 何？

関連表現 **Say again?** ●●○　　　　　　もう一回。

I didn't catch that. ●●○　　聞こえなかった。

Could you repeat that? ●●●　もう一度お願いします。

Come again? は「もう一回来て」ではなく、「もう一度言って、なんだって？」と相手の言葉を聞き返す表現。関連表現の catch は「聞き取る、理解する」という意味で使われています。

A: **Would you mind helping me move this desk?**

この机を動かすのを手伝ってもらえます？

B: **Can do.**

いいですよ。

A: **Thanks.**

ありがとう。

A: **Hi Bill! How have you been?**

やあ、ビル！ 調子はどう？

B: **Can't complain. What's new with you?**

まあまあだね。そっちはどう？

A: **I really think you should ...**

私が思うにね、あなたは…

B: **Come again?**

なんだって？

A: **I said I really think you should ask your boss for a raise.**

あなたは本当に上司に昇給を要求すべきだと思うって言ったのよ。

048

Could be. **○   かもね。

関連表現 **I suppose.** **○   そうかも。

I guess. **○   かもね。

Perhaps. ***   ひょっとしたらね。

Could be. は「ひょっとするとそうかもしれない」といった含み。suppose と guess は、ここでは「なんとなくそう思う」という意味。Perhaps. は日本語の「おそらくね」よりは確率が低く、「ひょっとしたらね、ことによるとね」という感じ。

049

Dig in! *○○   さあ、食べて！

関連表現 **Help yourself.** **○   どうぞ。

Let's eat! **○   食べましょう！

Don't be shy. ***   遠慮しないでね。

いずれも「どうぞ、遠慮なく食べて、食べましょう」と相手を促す表現です。Dig in. は「掘りなさい」が直訳。Help yourself. は「自分で取って、どんどん食べて」。Don't be shy. は「恥ずかしがらないで、遠慮しないで」ということ。

050

Don't fret. ***   心配ないよ。

関連表現 **Don't worry.** **○   心配ないよ。

It'll be okay. **○   大丈夫だよ。

It'll all work out. ***   全部うまくいくよ。

fret は「（取るに足らないことで）思い悩む、やきもきする」という意味の動詞。Don't fret. は「心配ないよ、そのうちうまくいくよ」というニュアンスになります。work out は「うまくいく」という意味。

A: **Do you think the company really might go bankrupt?**

会社はホントに倒産すると思う？

B: Could be.

かもね。

A: **That would be terrible.**

そうなったら大変よ。

A: **This dinner looks fantastic!**

夕食、おいしそうだね！

B: Dig in!

さあ、食べて！

A: **I've been trying everything to lose weight, but nothing is working!**

減量のためにあらゆることを試してるけど、うまくいかないのよ！

B: Don't fret.

心配ないさ。

2語フレーズ

051

Dream on! ★☆☆　　　そんな訳ないよ！

関連表現　**In your dreams.** ★☆☆　　　夢の中でね。

That'll be the day. ★★☆　　　そりゃないな。

That'll never happen. ★★★　　　それは絶対にないですよ。

Dream on! は「夢を見続けてなよ」という意味から転じて「そんな訳ないよ」というニュアンスで使われています。That'll be the day. は That'll be the day pigs fly.(そんなことがあった日にはブタが空を飛ぶよ)などの省略。

052

Fat chance. ★☆☆　　　それはないよ。可能性ないよ。

関連表現　**Not a chance.** ★☆☆　　　絶対に不可能だよ。

I doubt it. ★★☆　　　それはどうかな。

The odds are against it. ★★★　　　その確率はないよ。

本来は (There's a) slim chance.（可能性はわずかだ）と言うところを、逆に fat（太った）を使って強調したもの。Fat chance. も Slim chance. も「可能性はほぼない」という意味。odds は「賭け率」。against ... は「…に不利に」。

053

Get lost! ★☆☆　　　出て行け！ 失せろ！

関連表現　**Beat it!** ★☆☆　　　あっちに行けよ！

Go away! ★★☆　　　失せろ！

Get out of here! ★★☆　　　ここから出ろ！

いずれもかなり語気の強い表現なので、会社などでの使用は避けたほうがよい表現。Beat it! は俗語で「あっちに行け！ 早く離れろ！ 急いで逃げろ！」といった意味になるひとことです。

A: I can't wait for the company golf outing. This year I am going to win 1st place for sure.

会社のゴルフ旅行が待ちきれないわ。今年は絶対に１位を取るつもりだからね。

B: Dream on! Everybody knows I'm the best golfer in the company.

あり得ないよ！ 僕が一番のゴルファーだって、会社の誰もが知ってるじゃん。

A: The Giants are going to win it all this season.

今シーズンはジャイアンツの優勝が確実だね。

B: Fat chance.

それはないわよ。

A: So, who do YOU think is going to win then?

じゃあ、どこが勝つと思うのさ？

A: Hey. What are you guys doing over here?

あれ、皆さん、こんなところで何をしてるの？

B: Get lost! This area is for seniors only! You're just a freshman!

出て行け！ ここは４年生しか入れないんだよ！
君はまだ１年生だよな！

2語フレーズ

054

Get real. ●○○ 　　　現実を見なさいよ。

関連表現　**Wake up!** ●○○ 　　　目を覚ましなさいよ！

　　　　　Be realistic. ●●○ 　　現実的になってよ。

現実を直視せず、夢のようなことを言っている相手をたしなめる表現です。wake up は「目を覚ます、起きる」という意味のフレーズです。realistic は「現実的な」。

055

Go ahead. ●●○ 　　　どうぞ。

関連表現　**Yes, you can.** ●●● 　　いいですよ。

　　　　　You may begin. ●●● 　始めてかまいませんよ。

Go ahead. は「先に進んでください」が直訳。ここでは「どうぞ」という意味で紹介していますが、「お先にどうぞ」という意味でも使えます。関連表現の２つはフォーマルなニュアンスの表現です。

056

Go figure. ●●○ 　　　やっぱりね。そうだと思った。

関連表現　**Imagine that.** ●●○ 　　想像できるね。

　　　　　That figures. ●●○ 　　やっぱりね。そんなもんだよ。

　　　　　I can believe that. ●●● 　驚くことじゃないね。
　　　　　　　　　　　　　　　　　　そうだろうね。

ここでの figure は「予測できる、筋が通っている」という意味で使われています。That figures. も「やっぱりね、そんなものだろうね」といったニュアンスで、相手の話したことは十分に予測できたと言いたいときに使います。

A: We can turn this company around. I know we can!

この会社は再建できるんだよ。絶対にできる！

B: Get real. We've been in the red for almost a year.

現実を見なさいよ。ほぼ1年、赤字のままなんだからね。

A: Can we start the movie now?

もう映画を見始めていい？

B: Go ahead.

どうぞ。

A: I told my brother not to gamble all his money at the casino. Now I have to wire him money to get home.

兄さんには、カジノでお金を全部賭けるなって言ったのに。家に帰るためのお金を送金しなきゃならないなんて。

B: Go figure.

そうなると思ったよ。

2語フレーズ

057

Good job! ***　　　やったね！

関連表現　**Way to go!** **☆　　　いいじゃん！

Thumbs up! **☆　　　いいね！

That's the ticket! **☆　　　やった！

いずれも相手が何かでうまくいったことをほめる表現。Good job. は Great/Nice job. と表現しても OK です。Thumbs up. は親指を上に向ける「OK」という動作に由来した表現。ticket は「（競馬の）勝ち馬券」に由来しています。

058

Good question. **☆　　　難しいね。

関連表現　**I don't know.** **☆　　　さあ。

I'm not sure. **☆　　　さあね。

I have no idea. **☆　　　わからないな。

good question は「いい質問」が直訳ですが、「なかなかいい質問、返答が難しい質問、難問」というニュアンス。have no idea は「アイデアがない」ではなく「わからない」という意味で使われています。

059

Good thinking. **☆　　　賢いね。

関連表現　**Good idea.** **☆　　　いい考えだね。

Good plan. **☆　　　いい案だね。

Smart move. **☆　　　いい動きだね。いい考えだね。

相手が賢い選択をしたとき、あるいは鋭い考えを披露したときなどに使える表現です。Good thinking. は「よい考え」。thinking は「考え、思考、思考法」の意味です。move は「動き」で、何かについての「次の動き」というニュアンス。

A: How did your team do in the tournament last weekend?

先週末の試合、あなたのチームはどうだったの？

B: We took first place.

1位になったよ！

A: Good job!

やったね！

A: The company announced that the president was stepping down. Who is going to replace him, I wonder?

会社は、社長が引退することを発表したね。誰が彼の後釜になるのかな？

B: Good question.

難しいね。

A: I took my money out of the stock market and decided to buy gold.

株を売って、そのお金で、金を買うことにしたんだよ。

B: Good thinking.

賢いね。

060

Guess what! ⋆⋆☆　　　あのね！ あのさ！

関連表現 **You know what?!** ⋆⋆☆　　あのさあ！

Listen to this! ⋆⋆☆　　聞いてよ！

Guess what! は直訳すると「何だか推測して！」となりますが、実際には相手になんらかの話を切り出すときに「あのね、あのさ」といった意味合いで使います。

061

Help yourself. ⋆⋆☆　　　ご自由にどうぞ。

関連表現 **Have at it.** ⋆☆☆　　　　勝手にどうぞ。

Feel free. ⋆⋆☆　　　　　ご自由に。

Grab yourself a .... ⋆⋆☆　　…は、ご自由にね。

自分の家を訪れている友人などに、飲み物や食べ物を「自由にどうぞ」とすすめたいときに使う表現。ここでの grab は「つかむ」ではなく、「取る」の意。Grab yourself a beer. (ビールは自由にどうぞ) のように使用します。

062

He snapped. ⋆⋆☆　　　キレてた。

関連表現 **He blew his stack.** ⋆☆☆　　ぶちキレてた。

He flipped his lid. ⋆☆☆　　ぶちキレてた。

He lost his cool. ⋆⋆☆　　キレてたよ。

snap は「プツンと切れる、ポキンと折れる」という意味から「カッとなる」という意味が生じたもの。blow one's stack と flip one's lid はどちらも「カッとなる、キレる」という意味のフレーズです。

A: Guess what!

あのね！

B: What?

なあに？

A: I just got promoted to office manager!

僕、マネージャーに昇進したんだよ！

B: That's fantastic! Congratulations!

すばらしいわ！ おめでとう！

A: I'm really thirsty. Would you mind if I have a glass of water?

喉がカラカラだよ。水を１杯いただいてもいいかな？

B: Help yourself.

ご自由にどうぞ。

A: What did your dad say when you told him you dropped out of school?

学校を退学したって伝えたとき、お父さんは何て言ってたの？

B: He snapped.

キレてたよ。

2 語フレーズ

Hold on. **○　　　待って。

関連表現 **Just a minute.** **○　　ちょっと待って

Wait. ***　　待って。

Give me a sec. ***　　もうちょっと待って。

hold on は「しがみつく」というもとの意味から転じて、「そのままで待つ、電話を切らずに待つ」といった意味でもよく使われます。Just a minute. は Just a second. としても同じです。sec. は second（秒）の省略形。

Holy cow! **○　　　なんてこと！

関連表現 **Holy shit!** *○○　　なんてこった！

Good grief! **○　　なんてことだ！

Goodness gracious! ***　　ああ、なんてこと！

Holy cow! は「まさか！ なんてこと！ すごい！」と強い驚きを表す表現。Holy shit! は下品な単語があるので、Holy cow! を使う人もいます。Good grief! は悪い状況に対してだけ使いますが、その他の表現は良い状況への驚きにも使えます。

I'll pass. **○　　　遠慮するよ。

関連表現 **I'm not interested.** ***　　興味ありません。

No thanks. ***　　結構です。

Maybe next time. ***　　また次の機会に。

この pass は「（相手の）提案に乗らずにパスする」という意味。関連表現のうち Maybe next time. だけは、やりたい気持ちはあるけど、できない理由があって断るというニュアンスが出せる言い方です。

A: Come on. We're going to be late for the meeting!

ねえねえ、ミーティングに遅れちゃうわよ！

B: Hold on. I'm almost ready to go.

待ってよ。もうちょっとで出られるからさ。

A: Did you hear about Jim's car accident? He was in a three-car wreck and totaled his new car.

ジムの自動車事故のことは聞いた？ 3台が絡んだ事故にあって、新車がお釈迦になったんだよ。

B: Holy cow!

なんてこと！

＊ total「（乗り物を）完全に破壊する」

A: I'm collecting money for people who want to get into the lottery pool. Are you interested?

宝クジを共同購入したい人のお金を集めているんだよ。興味あるかい？

B: I'll pass. Thanks.

ありがとう、でも、遠慮するわ。

2 語フレーズ

090

I'll say. ★★☆　　　　そうだよね。

関連表現　**That's for sure.** ★★☆　　その通りだね。
　　　　　I agree. ★★☆　　　　　同感だよ。
　　　　　Indeed. ★★★　　　　　確かに。

いずれも相手の言っていることに強く同意する場面で使えるフレーズです。for sure は「確かに」、agree は「同意する」、indeed は「実に、まったく、確かに」の意。

067

I'm broke. ★★☆　　　　お金がないんだよ。

関連表現　**I'm flat broke.** ★★☆　　すっからかんなんだよ。
　　　　　I'm penniless. ★★★　　一文なしなんですよ。
　　　　　I don't have a cent. ★★★　　一文もないんです。

broke は「文なしの」という意味の形容詞。flat（完全に）をつけて強調したものが flat broke（まったくの無一文）です。cent と penny は日本で言えば「1 円」にあたる言葉。penniless で「一銭もない、一文もない」という意味になります。

068

I'm bushed. ★☆☆　　　ヘトヘトなんだ。

関連表現　**I'm out of gas.** ★☆☆　　グッタリなんだ。
　　　　　I'm worn out. ★★☆　　疲れ切ってるんだ。
　　　　　I'm beat. ★★☆　　　　疲れてるんだ。

bushed は「藪（やぶ）の中で迷った」というオーストラリア英語から転じて「クタクタ・ヘトヘトになった」という意味。out of gas は「ガス欠」、wear out は「使い果たす」がもとの意味。beat は「疲れ切った」という意味の形容詞です。

A: I don't ever remember it being this hot in November.

１１月にこれほど暑くなってるのは記憶にないね。

B: I'll say.

だよね。

A: We're going out for drinks tomorrow night. Would you like to come with us?

明日の夜、飲みに行くんだけど、君も来る？

B: I'm broke.

お金がないのよね。

A: It'll be my treat.

ごちそうするよ。

A: Do you want to go out for dinner tonight?

今晩は外食にする？

B: I'm bushed.

ヘトヘトなのよね。

A: How come?

なんで？

B: I just had a really hard day at work.

仕事がすごく大変だったの。

2語フレーズ

I'm hooked! ●●○　　　ハマってるんだ。

関連表現　**I'm addicted!** ●●○　　　中毒になってる！
I can't get enough! ●●○　　ハマってるよ！

hook は「釣り針」。be hooked は「釣り針に引っかかっている」から転じて「夢中だ、ハマっている」という意味。addicted は「中毒の」。can't get enough は「十分な状態が手に入らない」、つまり「まだいくらでもできる＝ハマっている」ということ。

I'm in. ●○○　　　乗った。

関連表現　**I'm down.** ●○○　　　やりたい。
Sounds good to me. ●●○　　いいね。
I want to do it. ●●●　　やりたいですね。

I'm in. も I'm down. も「乗った！ やりたい！ ぜひやろう！」という意味になります。I'm up for it.（興味ある、準備万端）という言い方も一緒に覚えましょう。

I swear. ●●○　　　誓うよ。

関連表現　**I promise.** ●●○　　　約束する。
I guarantee it. ●●●　　保証しますよ。
You have my word. ●●●　　約束します。

swear は「誓う」という意味の動詞。promise は「約束する」、guarantee は「保証する」という意味です。You have my word. の word は「約束、保証、言質」。

A: **Have you been watching that new TV show?**

テレビのあの新番組は見てるの？

B: **Every week. How about you?**

毎週ね。あなたは？

A: **I'm hooked!**

ハマっちゃってる！

A: **Some of the guys in the class are talking about taking a trip to Florida this spring. Would you be interested?**

クラスの何人かで春にフロリダ旅行をしようって話してるの。興味ある？

B: **I'm in.**

乗った。

A: **You can borrow my DVDs, but you have to give them back to me within a week.**

DVD を貸してもいいけど１週間以内に返してよね。

B: **I swear.**

誓うよ。

It's touch-and-go. ★★○

不安定な状態だ。

関連表現 **It's uncertain.** ★★○ まだはっきりしない。

The outcome is not clear. ★★★ 結果はまだ不透明です

We don't know for sure. ★★★ はっきりはわかりません。

状況が不安定で、結果が見えない場合に使うひとこと。病気やケガの場合は「不安定な状態＝危険の可能性がある状態」という含みになります。touch-and-go はリレーでバトンをつなぐことを表し、そこから「不安定」という意味が生じました。

It's yummy! ★★○

おいしいよ！

関連表現 **It tastes great.** ★☆☆ おいしいね。

It's very tasty. ★★○ とてもおいしいよ。

It's delicious. ★★★ おいしいです。

It's yummy! は Yummy! と表現しても同じです。ちょっと子どものマネをする感じで「おいちい！」というニュアンスで使われています。大人らしく言いたい場合は、It's delicious/scrumptious! などがいいでしょう。

Kill it! ★☆☆

切って！

関連表現 **Turn it off.** ★★○ 止めて。

Shut it off. ★★○ 止めて。

Shut it down. ★★○ 切って。

kill は「殺す」という意味から転じて「エンジンを切る」「電気を消す」という意味の動詞として使われたもの。ただし、kill は使えない場合もあるので、「切る、止める、消す」の万能表現としては、turn/shut off を覚えておきましょう。

A: I just got the news about Jim's car accident. How is he?

ジムの自動車事故のニュースを今聞いたんだけど、彼はどうなの？

B: It's touch-and-go. He's in surgery right now.

不安定な状態。今、手術中なんだよ。

A: How do you like that cake?

そのケーキどう？

B: It's yummy!

おいしいよ！

A: Is there smoke coming out from under my hood?

ボンネットの下から煙が出てるかな？

B: Yes! Kill it!

うん！（エンジンを）切って！

Lighten up. ★☆☆　　　　　　気にしちゃダメだよ。

関連表現 **Loosen up.** ★☆☆　　　　　　気にしない、気にしない。

Don't be so angry. ★★☆　　そんなに怒らないで。

Don't be so sensitive. ★★★　過敏になりすぎないほうが
　　　　　　　　　　　　　　　　いいよ。

Lighten up. と Loosen up. は、誰かの言動をそれほど重く受け取らずに軽く考えようよ、といったニュアンスのアドバイスのひとこと。sensitive は「過敏な、過敏に反応する」という意味の形容詞です。

Look here! ★★☆　　　　　　いいかい！

関連表現 **Listen.** ★★☆　　　　　　　ちゃんと聞いて。

Listen here. ★★☆　　　　　ちゃんと聞きなさいよ。

Pay attention. ★★★　　　　ちゃんと聞いてくださいよ。

いろいろとうるさく言ってくる相手に対して、自分の主張をきっぱりと伝える場面でよく使う表現。「いいかい！ あのさ！ ちゃんと聞きなよ！」といった日本語にあたります。

Lucky you! ★★☆　　　　　　よかったね！ ラッキーだね！

関連表現 **Good for you.** ★★☆　　　　よかったね。

That's nice for you. ★★★　よかったですね。

いずれも、相手に何かいいことがあったときに「よかったね」「ラッキーだね」と伝える表現です。lucky は「運のいい」という意味の形容詞。

A: I am so mad at him. When I see him, I am going to kick his ass!

あいつ、頭にくるよね。会ったらケツを蹴飛ばしてやるからな。

B: Lighten up. He didn't mean to insult you.

気にしないことよ。あなたを侮辱したんじゃないと思うわ。

A: I think you should wait a little longer before asking her to marry you.

彼女に結婚を申し込むのはもうちょっと待つべきだと思うよ。

B: Look here! I don't need advice from anyone else about my love life. I love her and I'm going to marry her!

いいかい！ 僕の恋愛に関してはほかの誰からもアドバイスはしてほしくないんだよ。僕は彼女を愛しているし、彼女と結婚したいんだよ！

A: I left my wallet in a taxi last night but the driver called and returned it to me.

昨夜タクシーに財布を忘れたんだけど、ドライバーが電話してきて返してくれたんだよ。

B: Lucky you!

よかったね！

2語フレーズ

Money talks. ** お金がものを言うんだよ。

関連表現 **Money will get you anything.** **   お金があれば何でも
できるのさ。

Money solves any problems. ***   お金で何でも解決で
きるんですよ。

Money talks. の直訳は「お金が話す、ものを言う」。日本語の「お金がも
のを言う」と同じ考え方のひとことです。Money will get you anything. は
「お金で何でも買える」が直訳。

My bad. *   悪い、悪い。

関連表現 **I'm sorry.** **   ごめんね。

That was my mistake. **   私のミスです。

That was my fault. ***   私の失敗です。

My bad. は直訳すると「私の悪い行い、私のせい」。日本語の「悪い、悪い」
に近いひとこと。くだけた表現なので、親しい人に対して使いましょう。
相手が悪いのだと訴えるときは、That was your bad.（あなたのせいだよ）
も使えます。

Never mind. **   気にしないで。

関連表現 **It's no biggie.** *   たいしたことじゃないから。

It's nothing. **   なんでもないよ。

Don't worry about it. **   心配しないで。忘れちゃって。

Never mind. は「（なんでもないから）気にしないでいいよ」という意味。
It's nothing. もほぼ同じ意味。biggie は、big deal を短く言ったもので「重
要なこと、大事なこと」。これ以外で biggie が使われることはないので注
意しましょう。

A: I can't believe that famous actress didn't have to go to jail for the crime she committed.

あの有名女優がやった犯罪で刑務所送りにならなかったのは
信じられないわね。

B: **Money talks.**

お金がものを言うんだよ。

A: Who left the refrigerator door open all night?!
Now there is water all over the floor!

ひと晩中、冷蔵庫のドアを開けっ放しにしたのは誰？
床中、水だらけじゃないの！

B: **My bad.**

悪い、悪い。

A: Well, go clean up the mess you made.

滅茶苦茶になってるから、あなたが片づけてきなさいよね。

A: Your text message said you wanted to talk to me about something.

テキストメッセージで私と話したいって書いてあったよね。

B: **Never mind.**

気にしないでよ。

A: Are you sure? It sounded important.

そうなの？ 重要そうだったけど。

B: Yeah. It's okay.

うん、大丈夫だから。

2語フレーズ

081

No deal. ●○○ それは無理。

関連表現 **No way.** ●○○ あり得ない。絶対ダメ。

Not gonna happen. ●○○ あり得ないよ。

相手が何か条件をつけて頼み事をしてきたときに、「取引は不成立」→「無理だ、ダメだ」と断る表現です。Not gonna ... は Not going to ... の省略。

082

No rush. ●●○ 急がなくていいよ。

関連表現 **There's no hurry.** ●●○ 急いでないから。

I can wait. ●●○ まだ平気だよ。

It's not that urgent. ●●● そんなに急いでませんよ。

rush は「急ぐこと」。No rush. だと「急がなくていいよ、あわてないでいいよ」という意味になります。I can wait. は「待てるよ」→「まだ平気だよ」という意味になるフレーズ。urgent は「緊急の」という意味の形容詞です。

083

No sweat. ●●○ なんでもないことだよ。

関連表現 **No big deal.** ●●○ なんでもないさ。

No problem. ●●● 全然なんでもないよ。

You're welcome. ●●● いつでもどうぞ。

sweat は「汗」、big deal は「大変なこと」、problem は「問題」。この3表現の前にそれぞれ No ... をつけると「なんでもないよ」「全然平気」「朝飯前だよ」といった意味のフレーズを作ることができます。

A: If I promise to pay for all the food and other expenses, can I get a puppy?

エサやほかの支払いを全部私がすると約束したら、子犬を飼ってもいい？

B: No deal.

それは無理だ。

A: I know I said I'd return the book I borrowed this week, but I haven't had time to read it yet.

借りていた本を今週返すって言ったのはわかってるんだけどさ、まだ読む時間がなくって。

B: No rush. Return it when you can.

急がなくていいよ。返せるときに返してよ。

A: Thanks for all your help. I couldn't have done it without you.

いろいろ手伝ってくれてありがとう。あなたなしではできなかったわ。

B: No sweat.

なんでもないことだよ。

2語フレーズ

084

Not again! ★★☆　　またなの！ え、また！

関連表現　**Oh boy!** ★☆☆　　　　　なんてこった！

Oh brother! ★☆☆　　　　なんてこった！

Here we go again! ★★☆　またなの！

Not again! と Here we go again! は「またなの？」と、がっかりすること が繰り返されたときや、「またやってるよ」と相手の言動にムカついたと きも使えます。Oh boy/brother! は、がっかりすることが初めて起こった 場合にも使えます。

085

Nothing doing. ★☆☆　　絶対に無理。

関連表現　**No way.** ★☆☆　　　　　あり得ないよ。

Not a chance. ★★☆　　　　無理だね。

I won't do it. ★★★　　　　それはダメ。

Nothing doing. は、There's nothing doing.（何をやっても無駄）が短くなっ たもので、相手の要求や頼みをはねつけるひとこと。Not a chance. は「ひ とつもチャンスがない」、I won't do it. は「私は絶対にそうしない」が直訳。

086

Nothing much. ★★☆　　特には何も。

関連表現　**Not a thing.** ★★☆　　　　　何もないよ。

Nothing in particular. ★★★　特別にはないですよ。

I have no plans. ★★★　　　計画は何もないですよ。

Nothing much. は「特には何もないよ、予定というほどのものは特にない よ」というニュアンス。in particular は「特に」の意。I have no plans. 以 外は、How's it going?（調子はどう？）という問いかけへの答えとしても 使えます。

74

A: **My grandmother fell and broke her wrist.**

おばあちゃんが転んで、手首を折ったんだよ。

B: Not again!

え、またなの！

A: **Yeah. She just got out of the hospital from the last fall.**

うん、前回転んで、退院したばかりなのに。

A: **I'm going out on a date this weekend. I was wondering if I could borrow your car. I only need it for a few hours ...**

今週末はデートに出かけるんだけどね。君の車を借りられるかなあと思ってさ。数時間でいいんだよ…

B: Nothing doing.

絶対に無理。

A: **What are you doing after work today?**

今日の仕事のあとの予定は？

B: Nothing much. **What's up?**

特には何も。どうしたのさ？

A: **Do you want to go out for a drink after work?**

仕事のあと、飲みに行かない？

B: **Sure.**

もちろん、いいよ。

087

No wonder! ★★☆ なるほど！ そりゃ無理もない！

関連表現 **That's why!** ★★☆   そうなんだ！ だからか！

Now I understand. ★★★   納得した。

It all makes sense now. ★★★   それですべて納得だ。

いずれも、理由などを聞いて、「納得した、それでね、どうりで」と返す言い方です。wonder は「不思議なこと」、No wonder. では「不思議なことじゃない」→「無理もない、なるほど」という意味に。make sense は「辻褄が合う、意味がわかる」。

088

Save it. ★★☆ 言い訳しないで。

関連表現 **Spare me.** ★☆☆   （細かな言い訳は）勘弁してよ。

Don't give me that. ★★☆   言い訳はいいから。
                                ウソ言わないで。

I don't want to hear it. ★★☆   聞きたくないよ。

Save it. は Save your breath. の省略。この breath は「息」ではなく「言い訳」のこと。Spare me. は Spare me the details.（言い訳などの細かなことを聞かされるのは勘弁してよ、そんな細かな言い訳は聞きたくないよ）が短くなったもの。

089

Scoot over. ★☆☆ ちょっと空けてよ。

関連表現 **Move down.** ★★☆   ちょっと動いてよ。

Slide down. ★★☆   ちょっとずれて。

Make a space for me. ★★★   スペースを作ってよ。

scoot は「（座った状態のままで）横に動く、詰める」という意味の動詞です。over や down は、ここでは横向きの移動方向を示しています。Move/Slide down a little. のように a little（ちょっと）などの言葉を加えても OK です。

A: Do you know why the restaurant down the street closed?

通りを行ったところの店が閉店した理由は知ってる？

B: I heard they closed because there were rats found in the kitchen.

台所にネズミがいたのが見つかったからだって聞いたよ。

A: No wonder!

なるほどね！

A: I thought you were going to come over yesterday and help me study?

昨日、勉強を手伝いにきてくれると思ってたんだけど。

B: I was going to call, but ...

電話しようと思ったけど…

A: Save it.

言い訳はやめて。

A: Scoot over. I don't have enough room.

ちょっと空けてもらえるかな。ちょっと狭くって。

B: Sure.

もちろん。

090

She's pissed. *○○　　　カンカンだよ。

関連表現　**She's furious.** **○　　　　激怒してるよ。

　　　　She's really angry. **○　　すごく怒ってるよ。

　　　　She's ticked off. **○　　　カンカンだよ。

pissed は、ここでは「カンカンに怒った」という意味。イギリス英語では「酔っ払った」という意味になるので注意。ticked off は「（時限爆弾が）爆発した」イメージから生まれた表現で、「ものすごく怒っている」という意味になります。

091

Smooth sailing. **○　　スムーズに進んでるよ。

関連表現　**No problems.** **○　　　　問題ないよ。

　　　　No hiccups. **○　　　　　スムーズだよ。

　　　　No hang-ups. **○　　　　スムーズだよ。

smooth sailing は「スムーズな航海」という意味。順調に進んでいることを表すひとこと。No problems. は「問題なし」、つまり「スムーズだ」。problems を hiccups（小さな支障）や hang-ups（支障、トラブル）と置き換えても同じです。

092

So long. **○　　　じゃあ、また。さようなら。

関連表現　**Take care.** **○　　　　　またね。

　　　　See you around. **○　　　またね。

　　　　Bye-Bye. **○　　　　　　じゃあ。

So long. は「じゃあまた、さようなら」という意味で、アイルランド語あるいはマレーシア語からの転用と言われています。Take care. は直訳では「お大事に」となりますが、これも「またね」という別れのあいさつとして使えます。

A: What did your wife say about you staying out so late last night?

あなたが昨日遅くまで出歩いてたこと、奥さん何て言ってた？

B: She's pissed.

カンカンだよ。

A: How is the new project at work coming along?

仕事の新しいプロジェクトの進み具合はどう？

B: Smooth sailing.

スムーズだよ。

A: It was good talking with you. I have to get going though.
So long.

お話できてよかったけど、もう行かないと。では、また。

B: Good seeing you too! See you around!

私も、お会いできてよかったです！ それでは！

2 語フレーズ

093

Sort of. ★★☆   まあね。なんとなくね。ややね。少しね。

関連表現 **Kind of.** ★★☆   まあね。なんとなくね。ややね。少しね。
A little. ★★☆   ちょっとはね。
Somewhat. ★★☆   いくらかね。

sort of や kind of は、ここでは「なんとなく、やや、少々、そこそこ、まあまあ」という意味。somewhat は「幾分、やや」という意味。

094

So what? ★☆☆   だから何？

関連表現 **Who cares?** ★☆☆   だから何なのさ？
What's the difference? ★★☆   だから何なの？
So? ★★☆   だから？

いずれの表現も「だから何？ だから何なのさ？ 気にするほどのことじゃない」という意味合いになるひとことです。Who cares? は「誰が気にするのさ？」というもとの意味から転じて「だから何なのさ？」という意味で使われているもの。

095

Stick around. ★☆☆   もうちょっと残ってよ。

関連表現 **Stay here.** ★★☆   ここにいてよ。
Stay put. ★★☆   動かないで（待ってて）。
Don't go anywhere. ★★☆   待ってて。

stick は「貼りつける、粘る」がもとの意味。Stick around. は「もう少しここで粘って、ここに残って」、Stay put. は「動かないでそのままの場所にいて」。いずれも命令形ですが、プレッシャーをかける言い方ではないので、誰に対しても使えます。

A: Is your business picking up now that the economy is starting to get better?

景気が回復してきたから、ビジネスも上向き始めてる？

B: **Sort of.** But we are still operating in the red.

ややね。でも、まだ赤字操業だけど。

* pick up は「回復する；上向く」。in the red は「赤字で」。「黒字で」は in the black と表現します。

A: Your teacher told me you failed your math test last week.

先生に聞いたけど、先週の数学のテスト、不合格だったって？

B: **So what?**

だから何？

A: So if you don't get good grades in high school, you won't be able to get into college!

だって、高校でいい成績が取れないと大学へは行けないのよ！

A: Hey Matt. Do you have a minute?

マット、ちょっと時間ある？

B: Actually, I was just about to leave.

実は、ちょうど帰ろうとしてたところなんだ。

A: **Stick around.** I need to talk to you.

もうちょっと残ってよ。話があるのよ。

096

Sue me! ★☆☆   訴えろよ！ 知らないよ！

関連表現　**Go to hell!** ★☆☆　　　　失せろ！ やめろ！
I don't care. ★★☆　　　　どうでもいいじゃん。
I don't wanna hear it. ★★☆　　うるさいなあ。

いずれも相手の指摘に反発して、強くののしる表現。sue は「訴える」という意味の動詞。Sue me. は「訴えたきゃ訴えろよ！」と相手を脅す感じです。いずれもかなり強い口調の言い方なので、要注意です。

097

Suit yourself. ★★☆   好きにすれば。勝手にしたら。

関連表現　**Do what you want.** ★★☆　勝手にして。
Do as you please. ★★★　お好きにどうぞ。
As you wish. ★★★　　　どうぞご自由に。

Suit yourself. は直訳すると「あなた自身に合わせればいいよ」。会話では「勝手にすれば、好きにすれば、ご自由に」といった意味で使われています。注意などを受け入れてくれない相手に対してあきらめ気味に言うひとことです。

098

Sure thing. ★★☆   もちろん。

関連表現　**I will.** ★★☆　　　　　そうするよ。
Of course. ★★☆　　　もちろん。
I certainly will. ★★★　必ずそうしますよ。

Sure thing. はもともと「確実なこと」という意味ですが、「確実にそうするよ、もちろんそうするよ」といった意味合いでも使えます。ややくだけた響きですが、誰に対して使っても問題ありません。

A: You can't smoke in here.

ここは禁煙ですよ。

B: Why not?

なんで？

A: Smoking isn't permitted in this train station!

この駅では喫煙は禁止されているんです。

B: Sue me!

知らないよ！

A: I really don't think you should spend your savings on a vacation.

ホントに貯金を休暇旅行に使うべきじゃないと思うよ。

B: Well, that's what I want to do and I'm going to do it.

あのね、私は使いたいのよ。だから、そうするの。

A: Suit yourself.

もう好きにすれば。

A: Tell your mother and father I said hello.

ご両親によろしくね。

B: Sure thing.

もちろん。

2語フレーズ

Take care. **☆

じゃあね。元気でね。気をつけてね。

関連表現 **Be good.** **☆　じゃあね。気をつけてね。

Be careful. **☆　じゃあね。元気でね。気をつけてね。

Be well. ***　じゃあね。元気でね。

Take care. は親しい人とのあいさつで使われる表現です。「じゃあね、元気でね、気をつけてね」というニュアンス。Be good. は「いい子にね」がもとの意味ですが、これも「気をつけてね、元気でいてね」というニュアンスで使います。

Thank goodness! **☆

ああ、よかった！

関連表現 **Whew!** *☆☆　フーッ！

What a relief! **☆　ああ、ほっとした！

Thank God! ***　ああ、よかったです！

goodness は God を直接口に出さないために用いられる言い方で、Thank God! も Thank goodness! も同じ意味になります。「ああ、よかった」と安堵を表す表現です。Whew!（ヒュー）は安堵のため息の擬音語。relief は「安堵」という意味。

That blows. *☆☆

それはひどいね。

関連表現 **That sucks.** *☆☆　最低だね。

That stinks. **☆　最悪だね。

That's too bad. ***　それは残念だね。

いずれも、ひどい状況に陥った相手に対して同情を表す言い方。blow や suck, stink は、「最低だ、最悪だ、ひどい」といった意味になる動詞。汚い言葉というイメージがありますが、現代ではフォーマルな場面以外では普通に使われています。

A: Have a good one, John.

じゃあね、ジョン。

B: Alright, Mary. Take care.

わかったよ、メアリー。元気でね。

A: I heard your wife was in the hospital. How is she doing?

奥さん入院してたんですって？ 具合はどう？

B: She was having chest pains, but it turns out it was nothing serious.

胸の痛みがあってね。でもたいしたことはないそうなんだ。

A: Thank goodness!

ああ、よかった！

A: You don't look very happy. What's wrong?

浮かない顔だね。どうしたの？

B: I just got laid off.

クビになったんだ。

A: That blows.

それはひどい。

That's awesome! ★★☆　　それはすばらしい！ よかったね！

関連表現　**That's fantastic!** ★★☆　　すばらしい！ よかったね！

　　　　　That's wonderful! ★★☆　すばらしい！ よかったね！

　　　　　That's great! ★★☆　　すばらしい！ よかったね！

Awesome.（No. 34 参照）の文頭に That's がついたもの。ここでも awesome は「恐ろしい」ではなく「すばらしい」という意味で使われています。

That's cold. ★☆☆　　　それはひどい。

関連表現　**That's cold-blooded.** ★☆☆　冷酷だな。

　　　　　That's heartless. ★★☆　それはひどい。

　　　　　That's cruel. ★★☆　残酷だね。

cold は「冷たい」、cold-blooded と heartless は「無慈悲な、冷酷な」、cruel は「残酷な」という意味。誰かの言動などが冷酷で非常に手厳しいことに言及するひとことです。

That's enough! ★★☆　　もうやめてよ！

関連表現　**Shut up!** ★☆☆　　　黙れ！

　　　　　Be quiet! ★★☆　　静かにしなさい！

　　　　　Enough is enough! ★★☆　もうたくさんよ！

That's enough! は直訳すると「もう十分だ」となりますが、これは「（うるさいから）もうやめなさい」「もううんざりだから、やめなさい」と、きつく注意する言い方。ほかの３表現も相手を黙らせるときのフレーズです。

A: **I heard your wife is expecting. When is she due?**

奥さん妊娠したんだってね。いつが予定日なの？

B: **Actually, she gave birth to our son last night!**

実は昨日の夜、息子が生まれたんだ！

A: **That's awesome!**

それはすばらしい！

A: **I heard you broke up with your girlfriend.**

彼女と別れたんだってね。

B: **Yeah. Not only that, she threw out all of my things.**

うん、それだけじゃなくて、僕の荷物を全部放り出したんだよ。

A: **That's cold.**

それはひどいわね。

A: **All I want is to talk about what happened.**

僕は、事の顛末を話したいだけなんだよ。

B: **That's enough! I already told you I don't want to see you anymore.**

もうやめて！ もうあなたには会いたくないと言ったでしょ。

That's hilarious! **☆　　　超、ウケる！

関連表現
That's a riot! *☆☆	爆笑！
That's so funny! **☆	おもしろっ！
That's too funny! **☆	おもしろすぎる！

hilarious は hilar（愉快）というギリシャ語に由来する表現ですが、英語では「超笑える、爆笑ものだ」という意味で使われています。riot は「騒乱、暴動」という意味から転じて、「ものすごく笑えるもの、爆笑もの」という意味になったものです。

That's that. **☆　　　これまでだね。

関連表現
Game over. *☆☆	ゲームオーバーだね。
That's the ballgame. **☆	これでおしまいだね。
That's all she wrote. **☆	万事休すだね。

いずれの表現も、なんらかの決着がついたと判断できる場面で「これまでだね、万事終わったね」といったニュアンスで使えます。いずれも直訳と意味がだいぶ離れているカラフルな表現ばかりです。

That's weird. **☆　　　それは奇妙だね。

関連表現
That's strange. **☆	不思議だね。
That's odd. **☆	それは変だね。
That's funny. **☆	それは不思議だね。

weird や strange, odd は「不思議なこと」や「通常でないこと」を表す形容詞です。funny は「笑える、おかしい、おもしろい」という意味でもよく使いますが、この場面で使うと「それは変だ、不思議だ」という意味になります。

A: I just heard something really interesting.

超おもしろいことを聞いたんだ。

B: What?

何？

A: The president of Harvard never graduated from college himself!

ハーバードの学長は大学を出てないんだってさ！

B: That's hilarious!

超、ウケる！

A: I can't believe Matsuyama just missed that putt!

松山があのパットを逃すなんて、信じられないわ！

B: That's that.

これまでだね。

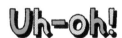

A: How come you didn't answer my text?

どうしてテキストメッセージに返事をくれなかったの？

B: Something's wrong with my cell phone. I can receive texts, but I can't send them.

スマホがおかしくてさ。受信はできるんだけど、送信ができないんだ。

A: That's weird.

それは変ね。

2語フレーズ

108

Trust me. ★★☆ 　　　　**間違いないよ。**

関連表現 **Bet on it.** ★☆☆ 　　間違いないよ。

I'm sure of it. ★★☆ 　確実だよ。

Trust me. は「私を信じてください」という意味ですが、会話例のように「間違いないよ」と確信を表すときも使えます。Bet on it. は「それに賭けなよ」が直訳で、You can bet on it.（君がそれに賭けても問題ないくらい確かだよ）を省略したもの。

109

Watch out! ★★☆ 　　　　**危ないよ！**

関連表現 **Look out!** ★★☆ 　　注意して！

Watch it! ★★☆ 　　危ない！

Be careful! ★★☆ 　注意して！

いずれも「危ないから気をつけて、注意して！」と、相手の注意を喚起するひとことです。

110

What's new? ★★☆ 　　　　**最近どう？**

関連表現 **What's up?** ★☆☆ 　　　どうしてる？

What's going on? ★★☆ 　最近どう？

How are you? ★★★ 　　元気ですか？

いずれも友人などに出会ったときに使える、あいさつのひとことです。ただし、初対面の相手には、他の3表現ではなく How are you? を使いましょう。

A: **That company is going to go bankrupt.**

あの会社は倒産するよ。

B: **How can you be so sure?**

どうしてそんなにはっきり言えるの？

A: **Trust me. I know.**

間違いないよ。わかるんだ。

A: **Watch out! There's broken glass on the floor there.**

危ないよ！ 床に割れたガラスがあるから。

B: **Thank you for the warning. I didn't even notice it.**

注意してくれてありがとう。気づきもしなかったよ。

A: **Hi Jill! I haven't seen you in a while. What's new?**

やあジル！ 久しぶりだね。最近どう？

B: **Nothing much. How are you?**

相変わらずよ。そっちはどう？

2語フレーズ

111

What's wrong? ★★☆　　　　どうしたの？

関連表現　**What's the matter?** ★★☆　　何かあったの？

　　　　　What's the problem? ★★☆　　何があったの？

　　　　　Why are you so upset? ★★★　なぜそんなに動揺してるの？

いずれも相手が動揺していたり、困っていたりする場面で、「大丈夫？」「何かあったの？」と声をかけるときに使うひとこと。matter は「事情、問題」、problem は「問題」の意。

112

Who knows? ★★☆　　　　さあ。

関連表現　**Who can say?** ★★☆　　さあね。

　　　　　Nobody knows. ★★☆　　さあね。

　　　　　I don't know. ★★☆　　わかりませんね。

Who knows? は直訳すると「誰が知っているでしょう？」となりますが、実際には、やわらかく「さあ」と、自分にはわからないことを伝えるひとことです。Nobody ... は「誰にも…ない」という意味。

113

Who says? ★★☆　　　　誰が言ってるの？

関連表現　**Says who?** ★★☆　　誰が言ってるの？

　　　　　There's no way. ★★☆　　あり得ないよ。

　　　　　I don't think so. ★★★　それはないでしょう。

Who says? は、相手の話に疑問をもって「（そんなこと）誰が言ってるのさ？」と切り返す表現。Says who? は倒置で意味を強めていますが、内容的には同じです。

A: **You look upset. What's wrong?**

なんだか動揺しているみたいね。どうしたの？

B: **I just got some bad news. A good friend of mine passed away.**

悪い知らせがあってね。親友が亡くなったんだよ。

A: **I'm really sorry to hear that.**

それはお気の毒に。

A: **Do you think the company president will ever retire?**

社長はいつになったら引退すると思う？

B: **Who knows?**

さあねえ。

A: **I just heard that the company is going to be laying off fifteen people next month.**

会社は来月 15 人クビにする予定だって、さっき聞いたんだけど。

B: **Who says?**

誰が言ってるのさ？

2語フレーズ

Why me?! ☆●○○　　　そんな！

関連表現　**This is not fair!** ☆☆☆　　　そんなのないですよ！

I don't deserve this! ☆☆☆　　　それはないですよ！

Why me?! は「なんで私なんです？」とたずねる場合と、「そんな！ ずるいよ！」と不平を漏らす場合も使えます。deserve は「賞や罰に値する」という意味で、この don't deserve this は「こんな罰を受けるのには値しない」という含蓄です。

Wishful thinking. ☆●○○　　　考えが甘いよ。

関連表現　**You wish!** ☆○○○　　　そうはいかないよ！

You're dreaming. ☆○○○　　　夢見てるんじゃないよ。

Not a chance. ☆●○○　　　無理、無理。

wishful thinking は「希望的観測、甘い考え方」。「甘い考えだね、それは」と相手の考えが甘すぎて実現は不可能だと伝える表現です。You wish! は「そうなるように願うんだね（でも、そうは問屋が卸さないよ）」というニュアンス。

You bet. ●○○○　　　もちろん。

関連表現　**Will do.** ☆●○　　　そうするよ。

Of course. ☆●○　　　もちろんだよ。

I sure will. ☆☆☆　　　もちろん、そうするよ。

You bet. は直訳すると「あなたが賭ける」となりますが、実際は「（あなたが賭けてもいいくらい）確実に」という意味。Will do. は I will do that.（そうします）を短く省略した表現で、特に親しい相手に対して好んで使われます。

A: I know you asked for this Friday off, but I need you to come in to work for a few hours.

君が今週の金曜に休みを取りたいのはわかってるんだけど、数時間オフィスに来てほしいんだよ。

B: Why me?!

そんな！

A: I just bought three lottery tickets. This time I know I'm going to win.

宝クジを3枚買ったよ。今回は当選するからね。

B: Wishful thinking.

考えが甘いわよ。

A: It's snowing pretty hard out there. Be careful driving home.

外はかなり雪がひどいよ。気をつけて運転して帰ってね。

B: You bet.

もちろん。

A: Call me when you get home. I don't care how late it is.

帰宅したら電話してよ。何時になってもかまわないから。

117

You choose. ★★☆ （君に）任せるよ。

関連表現 **You decide.** ★★☆　　　決めてよ。

It's up to you. ★★☆　君次第だよ。

I don't have any preference. ★★★

別に何でもかまいませんよ。

choose は「選ぶ」、decide は「決める」という意味。up to ... は「…次第」の意。preference は「好み」。I don't have any preference. は「特別に選り好みはしないから、なんでもかまいません」というニュアンス。いずれも誰に対しても使えます。

118

You moron! ★☆☆ バカ！

関連表現 **You dumbass!** ★☆☆　バカ！

You idiot! ★★☆　バカたれ～！

You fool! ★★☆　バカだね～！

moron, dumbass, idiot, fool は、いずれも「バカ」という意味。「このバカたれ！」と、相手の言動を非難するときに使います。ちょっと親しみを込めて「バカだね～、おバカね～」という感じにも使えます。

119

You too. ★★☆ あなたもね。

関連表現 **Same to you.** ★★☆　そっちもね。

And you as well. ★★★　そちらも。

You also. ★★★　あなたのほうも。

別れ際などに「よい…を！」と気遣ってくれた相手に対して、「そちらもね、あなたもね」と返すときのひとこと。And you as well. と You also. は初対面の人に対してや、フォーマルな場面で使います。

A: **Do you want to eat out tonight?**

今夜は外食したい？

B: **That's fine with me.**

僕はそれでいいよ。

A: **So, what do you feel like eating?**

で、何が食べたいの？

B: You choose.

任せるよ。

A: **When are you going to return my PlayStation game that you borrowed?**

あなたが借りてる私のプレステのゲーム、いつ返してくれるの？

B: **To be honest, I accidentally broke it.**

実は、間違って壊しちゃったんだ。

A: You moron!

バカ！

A: **You have a great weekend.**

よい週末をね。

B: You too.

あなたもね。

Zip it. ★○○　　　　やめて。

関連表現 **Shut up.** ★○○　　　　黙って。

Drop it. ★○○　　　　やめて。

Not another word. ★★★　聞きたくない。

---

zip は「ジッパーで閉じる」から転じて「口を閉ざす」という意味で使われている動詞。相手の言い訳や謝罪を「聞きたくない、黙って」と阻止するときの言い方です。Shut up. は「口を閉ざして黙れ」。drop は「中止する」という意味の動詞。

A: I really didn't mean to break your tablet ...

本当に君のタブレットを壊すつもりはなかったんだよ…

B: Zip it.

やめて。

A: I'm really sorry.

本当にごめん。

Chapter 3

3-Word Phrases
（３語フレーズ編）

121

Are we square? ★★☆

これでチャラだね。

関連表現 **Are we even?** ★★☆　　これで貸し借りなしだよね。

That makes us even, right? ★★☆　これで貸し借りなしになったよね?

Do I owe you anything? ★★★　何か君に借りがあるかな?

square には「正方形の、四角形の」のほかに「公平な、貸し借りのない、同点の」という意味もあります。even は「同じ高さ・分量の」から派生して「公平な、釣り合いの取れた」という意味があります。owe は「借りがある、負っている」。

122

Are you serious? ★★☆

マジに?

関連表現 **Are you nuts?** ★☆☆　　どうしちゃったの?

Are you crazy? ★☆☆　　大丈夫? 気は確か?

Are you insane? ★☆☆　　おかしいんじゃない?

いずれの表現も、相手の普通でない考えや言葉に驚いて「マジに?」「大丈夫?」「どうしちゃったの?」と問い質す言い方です。serious は「まじめな、マジな」。nuts, crazy, insane はメンタルなバランスを崩した状態を表す言葉です。

123

Bear with me. ★★☆

ちょっと我慢して。

関連表現 **Just wait and listen.** ★★☆　もうちょっと聞いてよ。

You'll get my point. ★★☆　そのうちわかるから。

Listen to what I'm saying. ★★★　まあ、話を聞いてくださいよ。

bear はここでは「我慢する」という意味。Just bear with me a little longer. (もうちょっと我慢して)のようにも応用できます。get someone's point は「話のポイントが理解できる」という意味。

A: Here's the money I borrowed from you yesterday.

Are we square?

昨日、君に借りたお金だよ。これでチャラだよね。

B: We sure are. Thanks.

そうね。ありがとう。

A: I'm going to get my girlfriend's name tattooed on my arm.

腕に彼女の名前のタトゥーを入れるんだ。

B: Are you serious? What if you break up?

マジ？　別れたらどうするのよ？

A: We're going to be together forever.

僕らは永遠に一緒だよ。

A: I don't understand what you mean.

話の意味がわからないよ。

B: Bear with me.

ちょっと我慢して。

3語フレーズ

Bring it on! ★★○　　　やってみなよ！

関連表現 **Bring it!** ★○○　　　来いよ！

Come on with it! ★★○　　やってみなよ！

You don't stand a chance! ★★○　チャンス(勝ち目)はないよ！

Bring it on. は直訳すると「どんどん持ってこいよ」ですが、これは相手のチャレンジに対して「やってみなよ」と自信満々で返事をするときの言い方。don't stand a chance は「チャンス・確率がない」という意味。

Care for another? ★★○　　　もうひとつ、いかが？

関連表現 **How about another?** ★★○　　　お替わりは？

Would you like another? ★★○　　お替わりはいかが？

Would you like one more? ★★★　もう１杯いかがですか？

この care for ... は「…がほしい、…を望む」という意味です。Would you ... を文頭につけても OK。another と one more はどちらも「もうひとつ、お替わり」という意味です。

Catch you later. ★★○　　　それでは。

関連表現 **See ya.** ★○○　　　またね。

See you around. ★★○　　また。

See you later. ★★★　　また今度。

catch は「つかまえる」という意味の動詞。Catch you later. は「また会いましょう、また今度、さようなら」という意味合いで、Bye. の代わりとしてよく使います。See you around. も「また、近いうちに」という意味で使えます。

A: You've been killing me at mahjong. Tonight, I'm going to get my revenge!

麻雀であなたには負けっ放しだね。今夜はリベンジするわよ。

B: Bring it on!

やってみなよ！

A: Care for another?

もう1杯どうですか？

B: No thanks. Two beers are enough for me.

結構です。ビールは2杯で十分なんです。

A: It was nice talking to you, but I need to get going.

お話できてよかったです。私はそろそろ行かないと。

B: Catch you later.

また今度。

A: Bye.

さようなら。

127

Come on in. **☆ どうぞ入って。

関連表現 **Enter.** **☆　　　　入って。

Come right in. ***　入ってください。

Please come in. ***　どうぞ中へ。

Come in.（入って）に、強調の on や right がついた言い回しも、「中に入って」と相手に伝える表現になります。

128

Count me in! **☆ 私も入れて！

関連表現 **I'm in!** **☆　　　　乗った！

I'm down! **☆　　　もちろん！

Let's do it! **☆　　　やろうよ！

いずれのフレーズも I'd love to. や I'd be happy to.（喜んで）など、よりフォーマルな言い方の代わりに使えます。count someone in は「…を数に入れる」という意味。be down の down は「登録されて」という意味の形容詞です。

129

Count me out. **☆ やめておく。

関連表現 **Not me.** *☆☆　　　遠慮する。

I'll pass. **☆　　　私はパス。

No thanks. ***　　結構です。

「結構です」と断る表現としては No thanks. が有名ですが、さらにカジュアルでよく使われるのは、この Count me out. です。ただし、フォーマルな場面では No thanks. や No thank you. を使うほうがおすすめです。

A: **Do you mind if I come in?**

入ってもいいですか？

B: **Come on in.**

どうぞ入って。

A: **Two friends of mine want to play golf this weekend. Do you want to join us?**

この週末に友人ふたりがゴルフをしたいって言うんだけど、あなたも参加しない？

B: **Count me in!**

もちろん行く！

A: **Okay. I'll call you later with the details.**

わかった。細かいことはあとで電話するわね。

A: **We were thinking about going to that new Indian restaurant for lunch. Do you want to come along?**

新しいインド料理店にランチに行こうと思ってるんだけど。一緒に行く？

B: **Count me out.** **I'm not a fan of Indian food.**

やめておくわ。インド料理は好きじゃないのよ。

Don't bug me. *

邪魔をしないで。

関連表現 | **Go away.** ** | あっちに行って。
Leave me alone. ** | 放っておいて。
Don't bother me. *** | 邪魔ですよ。

自分の邪魔をしている相手に「邪魔をしないで、うるさくしないで、放っておいて」と言うときの表現。bug は「虫」ですが、ここでは「邪魔をする」という意味の動詞。bother は「悩ます、困らせる」。Go away. 以外は電話で使うことも可能です。

Do you follow? **

わかってる？ わかる？

関連表現 | **Do you get me?** ** | わかった？
You got it? ** | わかった？
Do you understand? *** | わかってますか？

follow は「話の筋を追っている、理解している」という意味。get も、ここでは「理解する」という意味で使われています。got はその過去形。

Easy does it. **

落ち着いて。

関連表現 | **Take a chill pill.** * | 落ち着きなよ。
Cool out. * | 落ち着けって。
Cool your jets. ** | 落ち着いてよ。

Easy does it. は Take it easy. と同じで「落ち着いて、ゆっくりやれ」といった意味の表現です。Easy! だけでも OK です。chill pill は「精神安定剤」。Cool your jets. は「君の噴出物を冷ませ」が直訳ですが、これも「落ち着いて」という意味。

A: Hey sis, can you help me with my homework?

ねえお姉ちゃん、僕の宿題を手伝ってもらえる？

B: Don't bug me. I'm watching my favorite TV show.

邪魔しないで。お気に入りのテレビを観てるのよ。

A: If you're late for work one more time, I'm going to fire you. Do you follow?

もう一度仕事に遅刻したら、君はクビだ。わかってる？

B: I promise it won't happen again.

二度としないと約束します。

A: Did you see that?! That driver just cut me off! That really pisses me off!

あれ見た？ あのドライバー、すごく乱暴に割り込んで来たよ！ イラつく！

B: Easy does it.

落ち着いてよ。

133

Fill me in. ★○○ 　　　話を聞こうか。聞かせて。

関連表現 **Let me hear.** ★★○ 　　　　　聞かせて。

Tell me all about it. ★★○ 　　詳しく話して。

Give me the details. ★★★ 　　詳細を教えて。

fill in ... は「（空欄を）埋める」という意味。そこから「詳細を伝える」という意味で使われるようになったものです。all about it は「それに関するすべて」。details は「詳細」という意味。

134

Go for it. ★★○ 　　　やりなさいよ。

関連表現 **Take a stab at it.** ★○○ 　　やってみなよ。

Give it a shot. ★★○ 　　　　やってみたら。

Give it a try. ★★★ 　　　　　やってみなさいよ。

Go for it. は「それに向かって進みなさい」が直訳。「がんばってやってみなさい」といったニュアンス。stab は、もとは「刺すこと」ですが、ここでは「チャレンジ」という意味。shot と try も「試み、チャレンジ」という意味です。

135

Go right ahead. ★★★ 　　　どうぞ、どうぞ。

関連表現 **Not a problem.** ★★○ 　　　　全然いいよ。

Be my guest. ★★★ 　　　　　どうぞ、どうぞ。

Go ahead.（どうぞ）に right を加えて強調したものです。Not a problem. は「ひとつも問題ない」→「平気ですよ」ということ。Be my guest. は「私のお客さんになってください」→「大歓迎ですよ。どうぞ、どうぞ」という響き。

110

A: **So how did the negotiations go?**

で、交渉はどうだったの？

B: **I think they went pretty well.**

結構うまくいったと思います。

A: **Fill me in.**

話を聞こうか。

A: **I'm thinking about opening up my own business.**

自分でビジネスを始めようと思ってるんだ。

B: **Go for it. I think you'll do well.**

やりなさいよ。うまくいくと思うわ。

A: **Do you mind if I use your lighter?**

ライターを借りていいですか？

B: **Go right ahead.**

どうぞ、どうぞ。

Hang in there. がんばって。

関連表現
Be strong. くじけないで。
Keep your chin up. 元気出して。
Don't give up. あきらめないで。

Hang in there. は「そこにつかまって、踏みとどまって」が直訳。転じて「あきらめないでがんばって」と励ます表現になったものです。keep one's chin up は「あごを下げずに上を向いてがんばる」ということです。

Have a ball. 楽しんで。

関連表現
Have a blast. 楽しんで。
Have a good time. 楽しんでね。
Enjoy yourself. 楽しんできてね。

ball は「ダンスパーティー」のこと。その楽しそうなイメージから、Have a ball. は「楽しんでおいで、楽しんで」という意味で使われるようになりました。blast は「爆発」から転じて「大きな楽しみ」という意味で使われています。

Have a heart. 冷たいね。

関連表現
Put yourself in his/her place. 彼／彼女の立場になってみたら。
Put yourself in their place. 彼らの立場で考えてみたら。
Have some sympathy. もうちょっと優しくね。

普通なら同情する場面で、相手が冷たいときに使えるひとこと。Have a heart. は「心をもちなさい」が直訳ですが「冷たいね、もうちょっと優しくしたら」といったニュアンス。put oneself in someone's place は「…の立場になる」。place を shoes に代えても OK です。

A: **You look troubled.**

困っているようだね。

B: **My father's cancer is back.**

また父のガンが再発したの。

A: **That's too bad. Hang in there.**

それはよくないね。がんばって。

A: **I am going to Thailand this weekend. It's my first time out of the country.**

今週末、タイに行くの。国外に初めて出かけるのよ。

B: **Have a ball.**

楽しんでおいで。

A: **I can't stand it when homeless people on the street beg for money.**

路上のホームレスの人たちにお金を無心されるのが我慢できないんだよ。

B: **Have a heart.**

冷たいわね。

Have a seat. **☆☆○ おかけください。

関連表現 **Take a seat.** **☆☆○ おかけください。

Sit down. **☆☆○ 座って。

Please sit down. ***☆☆ どうぞ座って。

教科書では Please sit down. という表現を習うことが多いのですが、ネイティヴは Have/Take a seat.（おかけください）のほうをよく使います。

He got burned. *☆○ 彼、だまされたのよ。

関連表現 **He got ripped off.** *☆○ だまされたんだよ。

He got cheated. **☆○ だまされたんだよ。

He got taken. **☆○ だまされたんだよ。

get burned は「焦がされる」がもとの意味。転じて「だまされる」という意味で使われています。rip off と cheat はどちらも「だます」という意味。get/be taken は「だまされる」という意味になるフレーズです。

He's very laid-back. **☆○ すごく落ち着いてるよね。

関連表現 **He's very easy-going.** **☆○ あくせくしてないね。

He's very happy-go-lucky. **☆○ 楽天家だよね。

laid-back は「落ち着いた、のんびりした」という意味で、すぐに怒ったりしない人物に言及するときに使います。easy-going は「打ち解けた、あくせくしていない」という意味で、付き合いやすい人を表します。happy-go-lucky は「楽天的な」。

A: **You asked to see me?** Have a seat.

　私に会いたいのはあなたですね？ おかけください。

B: **Thank you.**

　どうも。

A: **I heard the police were here talking to Ken today.**

　今日、警察がケンと話をしにここへ来たんだって？

B: **Yeah.** He got burned. **He was caught up in some kind of investment fraud.**

　うん、彼、だまされたのよ。ある種の投資詐欺に引っかかったんだって。

A: **What do you think of the new boss?**

　新しい上司のことどう思う？

B: He's very laid-back. **At least that's the way he seems.**

　すごく落ち着いてるよね。少なくともそう見えるわ。

A: **Yeah. I get the same impression.**

　うん。僕も同じ印象だよ。

142

How could you?! ★★☆ なんでそんな！

関連表現 **What were you thinking?!** ★★☆ 何を考えてるのよ！
You should know better! ★★★ なんてことしたの！

How could you do that? の略。「なんでそんなことしたのよ」と詰問するニュアンス。should は「当然」。You should know better. は「あなたは当然もっとわかっているでしょ」→「ダメだってわかるでしょ」ということ。

143

I can't wait! ★★☆ 待ちきれないよ！

関連表現 **I'm psyched!** ★☆☆ 興奮してるよ！
I'm stoked! ★☆☆ ワクワクしてる！
I'm looking forward to it. ★★☆ 楽しみにしてるよ。

can't wait は「待つことができない」→「待ちきれない」という意味。psyched と stoked はいずれも「興奮した、ワクワクした」という意味になる表現です。stoked は stoke（火をかき立てる）から変化したもの。

144

I feel you. ★☆☆ わかるよ。

関連表現 **I get you.** ★☆☆ わかる。
I hear you. ★★☆ わかるよ。
I understand. ★★☆ わかるよ。

いずれの表現も相手に同情して「あなたの気持ちわかるよ」と伝えるときに使います。関連表現の 3 つは、I get that. や I hear that. あるいは I understand that. のように言っても OK です。

A: Last night my brother and I got into a big argument.
   I told him I never wanted to see him again.

昨夜、弟と大ゲンカしちゃってね。もう会いたくないって言っちゃったんだ。

B: How could you?!

なんでそんな！

A: Are you looking forward to spending this summer studying abroad?

この夏、留学することを楽しみにしているの？

B: I can't wait!

待ちきれないよ！

A: My girlfriend is driving me crazy!

彼女のことでイライラしてるんだよ！

B: How so?

どうして？

A: She's jealous of all my female friends ... always checking my e-mails.

女友達全員にヤキモチを焼くんだ…いつもメールチェックするし。

B: I feel you.

わかるわ。

I fucked up. ★☆☆　　　　やっちまった。

関連表現　**I screwed up.** ★☆☆　　やっちゃった。

I messed up. ★★☆　　しくじった。

I slipped up. ★★☆　　しくじった。

fuck up は「台無しにする、しくじる」という意味。fuck は昔はタブー表現とされていましたが、現在では一般的に使われています。screw/mess/ slip up も「ヘマをする、失敗する」という意味。

I got smashed. ★☆☆　　　グデングデンになったよ。

関連表現　**I got hammered.** ★☆☆　　ベロンベロンになっちゃった。

I got loaded. ★☆☆　　酔っ払っちゃったよ。

I got wasted. ★☆☆　　グデングデンになっちゃった。

get smashed/hammered は「ハンマーで叩きつぶされたくらいに酔っ払う」というニュアンス。get loaded は「（酒で）満杯になる」ということ。get wasted は「ダメな状態になる」→「グデングデンになる、酔いつぶれる」という意味。

I'm all ears. ★★☆　　　　ぜひ聞かせて。

関連表現　**I want to know.** ★★☆　　知りたい。

I'm listening! ★★☆　　話して！

Please tell me. ★★★　　教えて。

I'm all ears. は直訳すると「私は全部が耳だ」となりますが、ネイティブは「ぜひ聞かせて、聞きたい」というニュアンスで使います。I'm listening! は「（聞いていますよ）どうぞ話を続けてください」というニュアンス。

A: John told me you got fired! What happened?

クビになったってジョンに聞いたけど！ どうしちゃったの？

B: I fucked up. I didn't show up for a meeting with a
customer. It ended up costing the company the business.

大失敗さ。顧客との打ち合わせに行かなくて、取引がなくなっ
たんだよ。

A: That's too bad.

お気の毒に。

A: What did you do last night?

昨日の夜は何をしてたの？

B: I went out drinking with a friend of mine from high
school.

高校のときの友達と飲みに行ってた。

A: Did you guys have a good time?

楽しかった？

B: Yeah. I got smashed.

うん。かなり酔っ払っちゃった。

A: I think I have a solution to the problem.

私には、その問題の解決法がありますよ。

B: I'm all ears.

ぜひ聞かせて。

3語フレーズ

148

I'm dead serious. **○　　　私は大まじめだ。

関連表現　**I'm not kidding.** **○　まじめに言ってるんだ。

I'm not joking. ***　本当にそう思ってるんだよ。

I mean it. ***　本当にそう思ってるんだ。

dead serious は「大まじめな」という意味。not kidding と not joking は「冗談を言っているのではない」→「まじめに言っている」ということ。I mean it. は「私はそれを意味している」→「本当にそう思っている」ということ。

149

I'm fed up. *○○　　　飽き飽きだ。

関連表現　**I've had it.** **○　もうイヤなんだ。

I've had enough. **○　もう飽き飽きなんだ。

My patience has run out. ***　堪忍袋の緒が切れたんだ。

be fed up は「もう十分に餌を与えられた」→「もう飽き飽きだ」ということ。have had it や have had enough は「十分に受け入れた」、つまり「これ以上は我慢できない」という意味。patience は「忍耐」、run out は「尽きる」。

150

I'm getting by. **○　　　なんとかやってる。

関連表現　**I'm doing alright.** **○　まあね。

Same ol' same ol'. *○○　相変わらずだよ。

I'm doing okay. ***　まあなんとか。

get by は「なんとかうまくやる」という意味。I'm getting by は「まあなんとかね、変わりないよ」といったニュアンスです。ol' は old の省略形。same old は「いつもと同じだ、相変わらず（いまひとつ）だ」といった含みがあります。

A: I think you should run for mayor.

あなたは市長選に出馬するべきよ。

B: Yeah, right.

そんなバカな。

A: I'm dead serious. I think you would be a great politician.

私は大まじめよ。あなたはすばらしい政治家になると思うの。

A: I'm putting in my two-weeks' notice!

僕は辞表を提出する！

B: Why?

どうしてよ？

A: I'm fed up. This job is way too stressful, and the pay isn't good enough.

もう飽き飽きなんだ。あまりにストレスが多いし、給料はよくないし。

A: Hey Steve! How are you?

あら、スティーヴ！ 元気？

B: I'm getting by. How about you?

まあ、なんとかね。そっちは？

3 語フレーズ

151

I'm outta here. ★☆☆　　　帰るね。

関連表現 **I'm leaving.** ★★☆　　　私は帰るね。

I'm taking off. ★★☆　　　私は帰るね。

I'm going (home). ★★☆　　　私、帰るね。

outta（アウダ［ラ］）は out of の省略。I'm outta here. で「ここを出る」が直訳ですが、自分が帰ると宣言したいときに使える表現。leave と take off は「出発する、帰る」という意味。

152

I'm tuckered out. ★★☆　　　クタクタだよ。

関連表現 **I'm whipped.** ★☆☆　　　ヘトヘト。

I'm beat. ★★☆　　　ヘトヘトだよ。

I'm exhausted. ★★☆　　　もうヘトヘトだよ。

be tuckered out は「クタクタになっている」という意味。やや古い感じはしますが 40 才以上の人はいまだに使います。whipped, beat, exhausted も「ヘトヘトの、疲れ果てた」といった意味になります。

153

I'm with you. ★★☆　　　そうだよね。

関連表現 **No doubt.** ★☆☆　　　その通り。

I agree. ★★☆　　　そう思うよ。

I'm with you. は「あなたと一緒にいる」ではなく「あなたと同じ気持ちです」ということ。No doubt. は「間違いない、その通り」と同意するときのひとことです。

A: **I'm outta here. I'll see you tomorrow.**

私、帰るね。また明日。

B: **Okay. Have a good one.**

うん。またね。

A: **You don't look yourself today!**

今日はなんだか君らしくないね！

B: **I'm tuckered out. I was working late at the office last night and didn't sleep very well.**

クタクタなの。昨日、夜遅くまでオフィスで仕事をしてたし、あまりよく眠れなかったの。

A: **I don't like the new department manager. He's making things miserable for everyone.**

新しい部長はキライよ。みんなが不愉快になることばかりしてるのよ。

B: **I'm with you.**

そうなんだよね。

154

I second that. ●○○ そうだよね。

関連表現 **I think so too.** ●●○ 私もそう思うよ。

That's my opinion too. ●●● 私もそう思います。

I concur. ●●● 同じ意見です。

second はここでは「2 番目の」という意味ではなく、「支持する」という意味の動詞。I concur. はビジネスやフォーマルなシーンでのみ使われる表現です。

155

Is that it? ●●○ それだけですか？

関連表現 **Are we done?** ●●○ 以上ですか？

Do you need anything else? ●●● ほかには何かありますか？

Do you want anything else? ●●● ほかのご用件は？

いずれも相手の用件がそれで終わりかどうかを確認する表現です。Is that it? の it は「すべての用件」といった含蓄。done は「終わって」という意味です。

156

Is that right? ●●○ ホントなの？

関連表現 **You don't say?** ●●○ ホントかね？

Is that so? ●●○ そうなの？

Is that a fact? ●●● それって事実なの？

Is that right? は「それは正しいの？」ではなく、「そうなの？ ホントなの？」という感じ。You don't say (so)? も「そうは言わないでしょう？」ではなく、「ホントかね？ そうなの？ まさか」というニュアンスで使います。

A: I think that new office building downtown is an eyesore.

ダウンタウンのあの新しいオフィスビルは目障りだと思うな。

B: I second that.

そうだよね。

A: I asked you to come into my office because I need you to send these letters out for me.

この手紙を出してほしいから、君をオフィスに呼んだんだよ。

B: Is that it?

それだけですか？

A: I just heard that the president of the company was stepping down.

社長が引退するって聞いたんだけど。

B: Is that right? I thought he would never retire.

ホントなの？ 永遠に引退しないかと思ってた。

157

It's about time! ★★☆　　　遅いよ！

関連表現 **Finally!** ★☆☆　　　　　　　　やっとか！

I've been waiting forever! ★★☆　待ちくたびれたよ！

What took you so long? ★★☆　なんでこんなに遅いのさ。

いずれも、相手の行動が遅くなったときに「遅いよ、いつまでかかるの」と灸を据えるひとこと。It's about time! は「そろそろそんな時間よね」が直訳ですが、実際は皮肉を込めて「遅すぎだよ」というニュアンスです。

158

It's a cakewalk. ★☆☆　　　簡単だよ。

関連表現 **It's a breeze.** ★★☆　　　なんでもないことだよ。

It's easy. ★★★　　　　　　簡単なことだよ。

cakewalk は、いちばんおかしな歩き方をした人がケーキをもらえる競技でした。そこから転じて「簡単なこと」という意味で使われています。breeze は「そよ風」がもとの意味ですが、これも「簡単なこと」という意味。

159

It's a go. ★☆☆　　　ゴーサインが出てるよ。

関連表現 **We have a green light.** ★★☆　OK が出てるよ。

We're good to go. ★★☆　　　進めて OK ですよ。

It's a go. は NASA や軍隊で使われていた表現で、「(計画などが) 認められている、実施が決定している」という意味。green light は「青信号」というもとの意味から転じて「ゴーサイン、許可、OK」という意味に変化したものです。

A: Here's that book you loaned me.

貸してくれたあの本を返すね。

B: It's about time!

遅いよ！

A: I'm really worried about passing the driving test tomorrow.

明日の運転試験に合格するか、すごく心配なの。

B: It's a cakewalk. You'll do fine. Don't worry about it.

簡単だよ。大丈夫さ。心配するなよ。

A: What's the status of the plan to establish an office in China?

中国オフィス開設計画の状況はどうなってるの？

B: It's a go.

ゴーサインが出ているよ。

A: That's great.

それはすごい。

3語フレーズ

160

It's a no-brainer. ★○○　　　簡単だよ。

関連表現　**Walk in the park.** ★○○　　簡単なことさ。
There's nothing to it. ★★○　なんでもないよ。

楽にできることを「朝飯前だ」「頭を使うようなことじゃない」と強調して伝える表現です。no-brainer は「脳みそのいらないもの」、(It's a) walk in the park. は「公園での散歩（くらい簡単なこと）」という意味。

161

It's my treat. ★★★　　　私がおごりますよ。

関連表現　**I got this.** ★○○　　　払うよ。
This is on me. ★★○　　私のおごりです。
I'll buy. ★★○　　　おごるよ。

treat には「お菓子」や「特別なもてなし」という意味がありますが、ここでは「おごり」という意味。on me も「私のおごりで」という意味になります。buy もここでは「買う」ではなく「おごる」という意味です。

162

It's your move. ★★○　　　そちらの番ですね。

関連表現　**The ball's in your court.** ★★○　ボールはそちらに送りましたよ。
It's on you. ★★○　　　あなた方次第ですよ。

交渉などで、自分のほうからの条件提示などを終えたときに、相手に対して使う表現です。いずれも「次はそちらが動く番です」「次はそちらが決断する番です」といった意味で使われます。

A: Are you sure you can fix what's wrong with my car?

ホントに私の車の故障してる部分を直せるの？

B: It's a no-brainer. It won't take more than an hour.

簡単だよ。1時間もかからないよ。

A: I really appreciate it.

それは助かるわ。

A: That was a great meal. How much is the bill?

おいしかったです。お勘定はいくらですか？

B: It's my treat.

おごりますよ。

A: Thank you. That's very nice of you.

どうも。親切にありがとう。

A: This is our final offer.

これがうちの最終オファーになります。

B: We will need a few days for our management to review it.

経営陣に見てもらうのに数日かかります。

A: It's your move. The offer expires in 72 hours.

今度はそちらの番ですね。オファーは72時間で期限切れになります。

163

I've got butterflies. ★★☆   緊張してる。

関連表現 **I'm a little jumpy.** ★★☆   ちょっと緊張してる。
I'm on edge. ★★☆   不安だよ。
I'm nervous. ★★★   不安なんだ。

butterfly は「蝶々」。get/have butterflies (in one's stomach) で「緊張している、あがっている」という意味になります。jumpy は「不安でビクビクした」、on edge は「心配して、イライラして」、nervous は「不安な、緊張した」という意味。

164

I was touched. ★★☆   すごく感動しました。

関連表現 **I was moved.** ★★☆   すごく感動した。
I almost cried. ★★☆   感極まっちゃった。

いずれも、とても強い感動を受けて、心を強く揺り動かされたときのひとこと。主語が異なりますが、It was touching.（それは感動的だった）、It was moving.（感動的だった）といった形も一緒に覚えましょう。

165

Join the club. ★☆☆   よくわかるよ。

関連表現 **You're not alone.** ★★☆   同じだよ。
I know what you mean. ★★☆   わかるよ。
You're telling me. ★★☆   そうなんだよね。

Join the club. は「会にお入りなさい」が直訳で、「自分も同じ状況だから、あなたの気持ちはよくわかります」という意味合いです。You're telling me. は「その通り」という意味でネガティヴな気持ちを分かち合いたいときに使います。

A: Your interview is today, right?

面接は今日だよね？

B: Yeah. I've got butterflies.

うん、緊張してる。

A: Just be yourself and be honest. Good luck!

自分らしく、正直にしていればいいよ。がんばって！

A: What did you think of his speech?

彼のスピーチ、どう思った？

B: I was touched.

すごく感動したわ。

A: I'm feeling old. I found some gray hairs today.

年を取ったかな。今日、白髪を発見したんだよね。

B: Join the club.

よくわかるよ。

Keep at it. ★★☆ あきらめないで。

関連表現 **Stick with it.** ★★☆ あきらめないで。

Stay at it. ★★☆ あきらめないで。

Don't give up. ★★★ あきらめないでね。

Keep at it. は「根気よく続けて、あきらめないでがんばって」という意味。Stick with it. は「それに貼りついて」、Stay at it. は「そこに留まって」が直訳です。give up は「あきらめる」という意味のフレーズです。

Knock it off! ★☆☆ やめて！

関連表現 **Cut it out!** ★☆☆ やめて！

Stop that! ★★☆ やめなさい！

Don't do that ! ★★★ やめなさい！

knock off は「叩き落とす」がもとの意味。転じて「（騒ぎなど、うっとうしいことを）やめる」という意味で使われています。cut out も「（言動などを）やめる」という意味です。

Knock yourself out. ★☆☆ どんどんやって。

関連表現 **Go ahead.** ★★☆ どうぞ。

If you want. ★★☆ どうぞ。

By all means. ★★★ どうぞ、どうぞ。

knock oneself out は「全力を尽くしてやる」。「全力でやっていいよ→どんどんやって」というニュアンス。If you want. は「（お望みなら）どうぞ」。By all means. の直訳は「すべての手段を使って」ですが、これも「どうぞ、どうぞ」と促す表現。

A: I'm so frustrated! I have been practicing this golf shot for hours and I just can't get it right!

イライラする！ このゴルフのショットを何時間も練習してるのに、まだうまくできないよ！

B: Keep at it.

あきらめないで。

A: What's all that noise?

何、その騒音は？

B: We are playing video games.

テレビゲームをやってるんだよ。

A: Knock it off! I'm trying to sleep!

やめなさい！ 私は眠ろうとしてるのよ！

A: Is it okay if I use your cell phone to make a call?

電話したいんだけど、君の携帯を使ってもいい？

B: Knock yourself out.

どんどん使って。

A: Thank you so much.

ありがとう。

3語フレーズ

169

Let me check. ★★○ 見てみますね。

関連表現　**Let me see.** ★★○ 見てみます。

I'll take a look. ★★○ ちょっと見てみます。

I'll look into it. ★★○ 調べてみます。

check は「見る、確認する、チェックする」という意味。Let me check. で「私に確認させてください」→「見てみますね、チェックしてみますね」という意味になります。look into ... は「…を調べる、調査する」の意。

170

Let's cut class. ★○○ 授業をサボろうよ。

関連表現　**Let's play hooky.** ★○○ サボっちゃおうよ。

Let's skip school. ★★○ 学校サボっちゃおうよ。

cut class は「授業をカットする」ではなく「授業をサボる」。play hooky も「サボる」という意味で、これは学校以外でも使えます。skip は「スキップする」→「サボる」ということ。skip work（仕事をサボる）とも言えます。

171

Let's go Dutch. ★★○ ワリカンにしよう。

関連表現　**Let's split the bill.** ★★○ ワリカンにしよう。

We'll go halves. ★★○ 支払いは半分ずつね。

go Dutch や split the bill は「ワリカンにする」という意味の決まり文句です。bill は「勘定書き」のこと。halves は half（半分）の複数形。go halves で「折半にする」という意味になります。

A: **Do you have these shoes in a different size?**

この靴の別のサイズはありますか？

B: Let me check.

見てみますね。

A: **Thank you.**

ありがとう。

A: **I've got a good idea.**

いい考えがあるよ。

B: **What's that?**

どんな？

A: Let's cut class **today and go to the movies.**

今日は授業をサボって、映画に行こうよ。

B: **That works for me.**

いいわね。

A: **How about going to dinner tonight?**

今夜、外食しない？

B: **Sure.** Let's go Dutch. **You always try to pay for everything.**

もちろん。ワリカンにしましょう。いつも全部自分で払おうと

するでしょ。

172 Look who's here! ★★○ 誰かと思ったら！

関連表現 **Long time no see!** ★★○　　久しぶり！
What a surprise! ★★★　　驚いた！
I'm surprised to see you! ★★★　君に会えるなんてびっくり。

久しぶりに会った人に驚いた気持ちを伝える表現。Look who's here! の直訳は「誰がここにいるのか見てごらんよ」ですが、「誰かと思ったら」というニュアンスです。Look who showed up. や Look what the cat dragged in! も同類の表現です。

173 Look who's talking! ★★○ よく言うよ！

関連表現 **You're one to talk.** ★★○　　そっちこそ。よく言うよね。
Like you should talk. ★★○　　そっちこそ。よく言うよね。

Look who's talking. は「話しているのが誰か見なさいよ」→「そっちこそ、よく言うよ」ということ。関連表現は、You're not the one to talk. や It's not like you should talk. などが変化したものと考えられますが、もとの形では使いません。

174 Nothing to it. ★★○ たいしたことないよ。

関連表現 **Piece of cake.** ★★○　　簡単なことさ。
It's a cinch. ★★○　　朝飯前だよ。
It's as easy as pie. ★★○　簡単だよ。

Nothing to it. は There's nothing to it.（それはなんでもないことだ）の略。piece of cake は「ケーキひと切れ」ではなく「簡単に終わること」という意味合い。cinch も「簡単なこと」。cinch は、もとは、最も簡単な「結び方」の呼び名。

A: **Look who's here!** It's Mary!

誰かと思ったら！ メアリーじゃない！

B: Hi Tom. It's been a long time.

あら、トム。久しぶり。

A: You eat too much junk food. It's not good for you.

ジャンクフードの食べすぎよ。カラダによくないわよ。

B: **Look who's talking!** You just ate cup ramen for breakfast!

よく言うよ！ 君は朝ご飯にカップ麺を食べたところじゃん！

A: How did you finish that report so fast?

どうやってあの報告書をそんなに早く仕上げられたの？

B: **Nothing to it.**

たいしたことないよ。

Now or never. **⚬ よし行くぞ！

関連表現 **This is it.** **⚬ さあ、いよいよだ。

Now's the time. **⚬ いよいよだ。

Here we go. **⚬ 行くぞ。

モチベーションを上げるときのかけ声。Now or never. は「今やるか、やらないか」が直訳。「よしやるぞ！」と気合いを入れるニュアンスです。This is it. は「まさにこれだ」が直訳ですが、「さあ、いよいよだ！」というニュアンス。

Pull yourself together. **⚬ しっかりしてよ。

関連表現 **Get a grip.** *⚬⚬ しっかりして。

Relax. **⚬ 落ち着いて。

Shake it off. *** 気にしないの。

感情的になって泣いたり、怒っている状態を fall apart（バラバラになる＝取り乱す）と表現します。この逆のイメージを pull oneself together（自分を引っ張り集める＝自分を保つ）で表現できます。Shake it off. は「気にしないで、ドンマイ」という気持ちが伝わる表現。

Say no more. **⚬ いいよ。

関連表現 **Consider it done.** **⚬ 任せて。

It's a done deal. **⚬ 任せてよ。

I'll do it for you. *** やりましょう。

いずれも相手の頼み事を引き受けるときのひとこと。Say no more. は「もうそれ以上言わないでいいよ」が直訳。「頼みを引き受けるから、もう言葉は不要だよ」ということ。Consider it done. は「終わったものと考えていいよ」ということ。

A: Are you ready?

準備はいい？

B: I guess so.

うん。

A: Now or never.

よし行くぞ！

B: Okay. Let's do it.

うん、やろう。

A: Why are you crying?

どうして泣いているの？

B: One of the other girls in my class called me fat!

クラスの女子にデブって言われたのよ。

A: Pull yourself together. Don't let what other people say bother you.

しっかりしなよ。他人の言うことなんて気にするなよ。

A: I really need your help.

真剣に頼みたいことがあるの。

B: What's up?

どうしたのさ？

A: Can you do the meeting presentation for me?

打ち合わせのプレゼンを代わりにやってもらえない？

B: Say no more.

いいよ。

3語フレーズ

She nailed it. ★○○   完璧だったよ。

関連表現
She aced it. ★○○	最高だった。
She did great. ★★○	すばらしかったよ。
She did perfect. ★★○	完璧にやったよ。

nail は「釘を刺す、打つ」という動詞ですが、ここでは「完璧にやる、成功する」という意味です。ace はもともと試験などで「A（満点）を取る」でしたが、転じて、いろいろなことで「最高の評価を獲得する」という意味で使われています。

She's smokin' hot! ★★○   彼女、超セクシーだよ！

関連表現
She's a babe! ★○○	彼女、超かわいい！
She's a fox! ★★○	彼女イケてるね！
She's a knockout! ★★○	彼女、最高！

いずれも「美形だ、セクシーだ、最高」などと女性をほめるときの表現。hot は「熱い」、babe は「赤ちゃん」、fox は「キツネ」、knockout は「ノックアウト」がもとの意味ですが、いずれもとてもきれいな女性やセクシーな女性を指す言葉です。

Suits me fine. ★★○   いいね。

関連表現
That works for me. ★○○	いいよ。
That's okay with me. ★★○	それでいいよ。
I like that idea. ★★○	いい考えだね。

suit は「ぴったり合う」、fine は「申し分なく」。That suits me fine. と表現することもできます。work for me は「私にはうまく作用する＝それでいい」、okay with me は「私には問題ない＝それでいい」ということ。

A: **How did your daughter do in the ice-skating competition?**

アイススケートの競技会で、娘さんはどうだったの？

B: She nailed it. **She won her age class.**

完璧だったよ。彼女の年齢のクラスで優勝したんだ。

A: **Did you see that woman Joe brought to the party last night?**

昨夜、ジョーがパーティーに連れて来た女性は見たかい？

B: **Oh yeah. That's his new girlfriend.**

うん、あれは彼の新しい彼女よ。

A: She's smokin' hot!

彼女、超セクシーだよね！

B: **That's for sure.**

確かにね。

A: **I'm thinking about cooking pasta for dinner tonight. How does that sound?**

今夜はパスタ料理にしようと思うの。どうかしら？

B: Suits me fine.

いいね。

3語フレーズ

181

Take your time. ★★☆　　ごゆっくり。

関連表現 **No hurry.** ★★☆　　　　　　　　急がないよ。

There's no rush. ★★☆　　　　　急いではいないからね。

There's no need to hurry. ★★★　急がなくていいですよ。

Take your time. は「あなたの時間を取りなさい」→「ごゆっくりどうぞ」
ということ。hurry も rush も「急ぎ」という意味。no hurry や no rush で「急
ぎではない」という意味になります。

182

Thanks a bunch. ★☆☆　　ホントにありがとう。

関連表現 **Preciate it.** ★☆☆　　　　　　サンキュッ！

Thanks a million. ★★☆　　本当にありがとう。

Thanks a lot. ★★☆　　　　本当にありがとう。

Thank you. や Thanks. の代わりに使える表現です。bunch は「バナナな
どの房、束」ですが、a bunch で「たくさん」という意味になります。
Preciate it. は I appreciate it. の省略。a million も a lot も「たくさん、とて
も」という意味。

183

That'll teach you. ★★☆　　自業自得ね。

関連表現 **That's what you get.** ★★☆　　　　　自業自得だよ。

That's what you deserve. ★★★　　　それは自業自得ね。

You shouldn't have done that. ★★★　それはダメだよ。

That'll teach you. は「それがあなたの教訓になるね」ということ。teach
は「思い知らせる」。get と deserve は「値する」という意味。shouldn't
have done that は「そんなことは、すべきではなかった（のにしてしまっ
た）」。

A: I'm almost ready to go. I just need to change my clothes.

ほぼ準備できたわ。服を着替えるだけよ。

B: Take your time.

ゆっくりどうぞ。

A: I really appreciate you taking the time to help me out with this.

この件の手伝いで時間を取ってくれてホントに感謝してます。

B: It's no trouble.

平気ですよ。

A: Just the same. Thanks a bunch.

それでも、ホントにありがとう。

＊ Just the same. 「それでもやはり」

A: You don't look so good.

具合がよくなさそうね。

B: I was out drinking late last night. I have a terrible headache!

昨夜、遅くまで外で飲んでてさ。ひどい頭痛なんだ！

A: That'll teach you.

自業自得ね。

That makes sense. ***　　　　　それは納得。

関連表現
That sounds smart. **	それが賢明かな。
I can see that. **	わかるよ。
That's logical. ***	筋が通ってるね。

いずれの表現も、相手の考えや気持ちが「理解できる、納得できる、同意できる」という意味で使えます。make sense は「論理的に理解できる、納得できる」という意味。logical は「論理的な、筋の通った」という意味。

That's an eye-opener. **　　　びっくりだよ。

関連表現
| **That's quite a surprise.** ** | 驚きだよね。 |
| **That's a trip.** ** | それはすごいね。 |

eye-opener は「目を見開かせるもの」。これまで知らなかったことを新たに知って、驚かされたときに使います。It was an eye-opening experience. という表現もよく使います。

That's a rip-off. **　　　　それは詐欺だよ。

関連表現
| **That's a scam.** ** | それは詐欺だよ。 |
| **That's a trap.** ** | それは釣りだよ。 |

お金をだまし取る「詐欺」のことを、rip-off あるいは scam と表現します。He ripped me off. / He scammed me.（彼は私から金をだまし取った）のように動詞としても使えます。trap は「ワナ、落とし穴、引っかけ、釣り」という意味の名詞。

A: I think we should wait to buy a new house. The way the market is now, it'll be hard to sell the house we have.

家を買うのは待ったほうがいいと思うな。今の市場の様子だと、持ち家を売るのが難しくなるよ。

B: That makes sense.

それは納得できるわ。

A: How was your business trip to Tokyo?

東京出張はどうだったの？

B: First off, I was shocked by how clean the streets are.

まず、通りのきれいさに驚かされたよ。

A: Yeah. That's an eye-opener.

うん、びっくりさせられるよね。

A: I got an e-mail yesterday that said I won $10,000!

昨日、1万ドル当たったっていうEメールが届いたんだよ！

B: That's a rip-off. You didn't respond to it, did you?!

それは詐欺だよ。返事はしてないよね？

A: Not yet.

まだしてない。

B: Well, don't!

しちゃダメだからね！

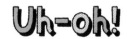

187

That will work. ★★☆ いいね。

関連表現	That'll do. ★★☆	いいよ。
	That sounds good. ★★☆	いいよ。おいしそう。

work は「効果がある、うまくいく」という意味の動詞。do は「必要を満たす、役に立つ」。That sounds good. は「その提案でよさそう、それでいいよ」という意味ですが、ここでは「おいしそう」というニュアンスも含みます。

188

There's always tomorrow. ★★☆ 明日があるよ。

関連表現	Next time. ★★☆	今度は大丈夫だよ。
	Tomorrow is another day. ★★☆	次は大丈夫だよ。
	Your time will come. ★★★	君のチャンスがきっと来るよ。

いずれも、何かに失敗して落ち込んでいる相手に対して「今度があるよ、次は大丈夫」と激励する表現。There's always tomorrow. は「いつでも明日がある」が直訳。another day は「別の日」という意味。

189

Wait a minute. ★★☆ ちょっと待って。

関連表現	Wait a second. ★★☆	ちょっと待って。
	Give me a minute. ★★☆	もうちょっと。
	Hold on! ★★☆	待って！

急かされているときなどに、少し待ってほしいと伝えるひとこと。a second（1秒）や a minute（1分）は、実際に1分あるいは1秒という意味ではなく、日本語の「ちょっと」と同じ意味合いで使われています。

A: I was thinking about grilling some steaks for dinner.

夕食にステーキを焼こうかと思ってたんだけど。

B: That will work.

いいわね。

A: You look a little blue.

ちょっと落ち込んでるみたいだね。

B: I can't believe I failed the test. I studied so hard.

テストに失敗したのが信じられないの。すごく勉強したのに。

A: It'll be alright. There's always tomorrow.

大丈夫。明日があるさ。

A: Are you ready to go? The movie starts at nine o'clock!

出かける準備はできた？ 映画は9時からだよ！

B: Wait a minute.

ちょっと待って。

A: We're going to be late!

遅れちゃうよ！

Way to go! ＊＊○　　　　やったね！

関連表現	**Atta boy/girl!** ＊○○	やった！
	Nice job! ＊＊＊	いいぞ！
	Well done! ＊＊＊	よくやったね！

Way to go! は「やったね！ その調子！」と人をほめるときのひとこと。
Atta boy/girl! も「その調子！ よくやった！」という意味で使われます。
Atta は That a のことですが、「アッタ、アッダ［ラ］」と発音するのが一
般的です。

What a letdown! ＊＊○　　　　残念！

関連表現	**What a bum deal!** ＊○○	がっかりだね！
	What a disappointment! ＊＊＊	残念だね！

がっかりしている相手に「残念だね」「がっかりだね」と同情するときの
表現です。letdown は「失望、落ち込み」、bum deal は「ひどい取引→残
念なこと」、disappointment は「失望」という意味。

What a steal! ＊○○　　　　すごく安いね！

関連表現	**What a good deal!** ＊＊○	いい買い物だよ！
	What a good price! ＊＊＊	お得な値段ですね！
	What a good buy! ＊＊＊	いい買い物ですね！

steal は「盗み」がもともとの意味。安く買えたことを「盗み」にたとえ
た表現。自分から「いい買い物だった」と言うときは、It was a steal. と
しましょう。good deal, good price, good buy は、いずれも「いい買い物、
手頃な買い物」という意味。

A: How did your interview go?

面接はどうだった？

B: I got the job. I start next week!

仕事をもらえたよ。来週からスタートだ！

A: Way to go!

やったね！

A: Did you sell your car?

車を売ったの？

B: No. The guy that called never showed up.

いや。電話してきたやつが現れなかったんだよ。

A: What a letdown!

残念！

A: I see you bought a new car.

新しい車を買ったのね。

B: Yep. I've always wanted a Mini-Cooper. I got it for $7,000.

うん、ずっとミニクーパーがほしかったんだよね。7000 ドルで
買ったよ。

A: What a steal!

すごく安いね！

193

What's eating you? ★★☆　　どうかしたの？

関連表現　**What's your problem?** ★★☆　　どうかしたの？

What's bothering you? ★★★　　何があったの？

Why are you so upset? ★★★　　どうして機嫌が悪いの？

What's eating you? の直訳は「何があなたを食べているの？」ですが、実際は「どうしたの？ 何かあったの？」と、落ち込んでいたり不機嫌そうな相手に声をかけるときのひとこと。bother は「悩ませる、困らせる」という意味の動詞。

194

What's going on? ★★☆　　どうなってるの？ 何が起こったの？

関連表現　**What's happening here?** ★★☆　　どうなっちゃってるの？

What's all the fuss about? ★★☆　　この騒ぎは何？

What happened? ★★☆　　何があったの？

騒然とした場所で何が起こっているのかをたずねる表現です。go on や happen は「起こる、生じる」という意味。fuss は「騒ぎ」という意味で、Don't make such a fuss.（そんなに大騒ぎするなよ）といった使い方もできます。

195

What's the use? ★★☆　　意味ないよ。

関連表現　**Why go on?** ★★☆　　続けてもね～。

There's no reason to continue. ★★★　　続ける意味はないよ。

It's futile. ★★★　　ムダだよね。

use は、ここでは「意味、効果」を表します。What's the use? は「何の意味があるの、いや、ないでしょう」という反語表現になります。Why go on? も反語表現。futile は「無益な、ムダな」という意味の形容詞です。

A: You've been in a bad mood all day. What's eating you?

一日中、不機嫌そうだね。どうかしたの？

B: Sorry. I'm just stressed out lately from work.

ごめん。最近、仕事のストレスでやられてるんだ。

A: What's going on?

どうなってるの？

B: The building down the street is on fire!

あっちのビルが火事なのよ！

A: I wondered why I heard all the sirens.

なんでサイレンが鳴りまくってるのかと思ってたんだ。

A: I've been studying Spanish for ten years and still can't speak it fluently.

10 年間スペイン語を勉強しているけど、まだうまく話せないんだ。

B: You have to persevere.

がんばり抜かなきゃね。

A: What's the use?

意味ないよ。

196

What's your take? ▪▪◦

君の意見は？

関連表現 **What's your opinion?** ▪▪◦　　君の意見は？

What's your view? ▪▪▪　　君の見解は？

What's your impression? ▪▪▪　　君の印象は？

take は「受け取り方、見解、意見」という意味。opinion は「意見」、view は「見方、見解」、impression は「印象」。

197

Where's the fire? ▪◦◦

あわててどうしたの？

関連表現 **What's your hurry?** ▪▪◦　　どうしてあわててるの？

What's the rush? ▪▪◦　　なんであわててるの？

Where are you hurrying to? ▪▪▪　　あわててどこに行くの？

Where's the fire? は「火事はどこだ？」が直訳ですが、あわてている相手に「どうしてあわてているの？」「あわてているけど大丈夫？」といったニュアンスで話しかけるひとこと。hurry と rush はどちらも「急ぎ」という意味。

198

Where was I? ▪▪◦

どこまで話していたっけ？

関連表現 **What was I saying?** ▪▪◦　　何を話していたっけ？

What was I talking about? ▪▪◦　　何のこと話してたっけ？

Where was I? は「どこにいたっけ？」と場所をたずねているのではなく、どこまで話をしていたかわからなくなったときに使うひとことです。話が中断していた場合も、ぼんやりしていて上の空になっていた場合にも使えます。

A: Did you hear the prime minister's speech?

首相のスピーチは聞いた？

B: Yes.

ええ。

A: What's your take?

君の意見は？

A: Where's the fire?

あわてて、どうしたのさ？

B: I need to make a cash withdrawal and the bank closes at 5:00. I only have ten minutes to get there!

お金を降ろさないといけないんだけど、5時に銀行が閉まるのよ。10分で行かないと！

A: Sorry for the interruption. I had to take that phone call.

中断してごめんね。あの電話に出なきゃならなかったんだ。

B: That's okay.

大丈夫よ。

A: Where was I?

どこまで話してたっけ？

3語フレーズ

199

Will this do? ★★○ これでいける？

関連表現 **Will this work?** ★★○ これでうまくいく？

Is this okay? ★★○ これで大丈夫？

Can you use this? ★★★ これは使える？

いずれの表現も「これでいい？ これで用が足りる？」とたずねるときの
ひとことです。do と work は「効果がある、うまくいく、役に立つ」とい
う意味で使われています。

200

You lost me. ★★○ わかんない。

関連表現 **I don't get you.** ★★○ わかりません。

I don't understand. ★★★ わかりません。

I'm confused. ★★★ 混乱してます。

You lost me. は「あなたは私を失った」が直訳ですが、実際は相手の言っ
ていることがわからないときに使います。get と understand はともに「理
解する」という意味。confused は「混乱して」。

201

You lucked out. ★☆○ 運がよかっただけさ。ツイてたねえ。

関連表現 **You got lucky.** ★★○ ラッキーだったね。

That was all luck. ★★○ 運がよかっただけだよ。

luck out は「（実力とは関係なく）運よく成功する」という意味。「単に君
はラッキーだっただけだ」と負け惜しみ的なニュアンスにも、「ホントに
ツイてるね！」とうらやむニュアンスにもなります。

A: I need something to keep this briefcase closed.
   The zipper is broken.

   ブリーフケースを閉じておくものが何か必要だ。

   ジッパーが壊れちゃって。

B: I have a large rubber band. Will this do?

   大きな輪ゴムがあるよ。これでいける？

A: Take highway 29 for three miles, turn left at the third
   light, then take a right at the gas station.

   高速 29 号線を 3 マイル進んで、3 つめの信号で左折してから
   ガソリンスタンドで右折してください。

B: You lost me.

   わかんない。

A: Here. I'll draw you a map.

   じゃあ、地図を描きますね。

A: I told you I was going to beat you on the golf course
   today.

   今日ゴルフコースで君に勝つって、言っておいたよね。

B: You lucked out.

   運がよかっただけよ。

You're not alone. ◆◆○　　　　みんな同じだよ。

関連表現 **That happens to everybody.** ◆◆○　誰もが経験することさ。

Everyone goes through that sometime. ◆◆○

いつかは誰もが通る道だよ。

いずれも、苦しい状況にいる相手に対して「みんな同じだ、誰もが同じ経験をするんだよ」と励ますときに使うひとことです。alone は「孤独な」、go through ... は「…を通る、経験する」という意味。

You're the man! ◆○○　　　　君ならできる！

関連表現 **Go get 'em!** ◆○○　　　　行ってこい！ 行け行け！

It's all you! ◆◆○　　　　君次第だ！

You can do it! ◆◆○　　　　君ならできるよ！

You're the man. の直訳は「あんたは男だ」ですが、「あんたならできる！ 君はすごい！」と激励するニュアンス。Go get 'em. は Go get them. の省略で、「行って勝ってこい！」といった響き。It's all you! は「君にかかっている！」。すべて基本的に競技の場で使う表現。

A: How've you been?

どうしてた？

B: Okay, but it seems like all I do is work, I can't remember the last time I went on a vacation.

なんとかね。だけど仕事しかしてない感じ。最後に旅行に行ったのがいつか覚えてないんだ。

A: You're not alone.

みんな同じだよ。

A: Your match starts in a few minutes. Are you ready?

あと少しで試合が始まるね。準備はいい？

B: Absolutely.

もちろん。

A: You're the man!

あなたならできるわ！

Chapter 4

4-Word Phrases
（4語フレーズ編）

4 語フレーズ

204

All systems are go. *☆☆

準備万端だよ。

関連表現 **Ready to begin.** **☆　いつでも始められるよ。

Everything is all set (to start). **　全部 (準備) OK。

Everything is ready. ***　すべて完璧。

go は動詞ではなく、「順調で、準備ができて」という意味の形容詞。「すべてのシステムは準備ができている」が直訳ですが、実際の会話では「準備は万端だ、開始の許可が出た」といった意味合いで使われます。

205

Been there done that. *☆☆

そういうことあるよね。

関連表現 **I know how you feel.** **☆　気持ちはわかるよ。

I sympathize with you. ***　よくわかるよ。

I've done the same thing. ***　私も同じことがあったよ。

「気持ちはわかるよ」「同じような体験があるよ」と同情する表現。I've been there and done that too.（そこに行って、それをやったことがある）を省略したものですが、もとの形では使いません。sympathize は「共鳴する、同情する」。

206

Better luck next time. **☆

次はがんばろうね。

関連表現 **Good try.** **☆　がんばったじゃない。

Nice effort. **☆　がんばったじゃない。

You gave it your best. **☆　最高にがんばったじゃない。

「(今回は残念な結果だったけれども) 次はがんばれ」と励ます表現です。Good try. は「いいチャレンジだった」、Nice effort. は「すばらしい努力だった」が直訳。いずれも同じニュアンスで「次回はがんばれ」という気持ちを含んでいます。

160

A: **Are you ready to give your presentation to the board this afternoon?**

今日の午後の取締役会へのプレゼンの準備はできた？

B: All systems are go.

準備万端だよ。

A: **I really liked that woman we met at the bar last night.**

昨夜、バーで会った女性、すごく気に入ったよ。

B: **You should have asked for her phone number.**

電話番号を聞けばよかったのに。

A: **You're right. I just didn't have the guts.**

そうなんだよ。勇気がなくてさ。

B: Been there done that.

そういうことあるよね。

A: **Did you get the promotion?**

昇進したの？

B: **Nope. They gave it to someone else.**

いや、ほかのやつが昇進したんだ。

A: Better luck next time.

次はがんばろうね。

Can you make it? ★★○   来られる？

関連表現 **Can you come?** ★★○   来られる？

Will you be there? ★★○   来てくれる？

Are you coming? ★★○   来る？

make it には「来る、間に合う、成功する」などの意味がありますが、ここでは「来る」という意味。行けない場合は、I can't make it.（行けないんだ）と言ってから、その理由を説明しましょう。Are you coming? は進行形で近い未来を表します。

Cut me some slack. ★○○   勘弁してくれよ。

関連表現 **Give me a break.** ★★○   勘弁してよ。

Don't be so upset. ★★★   そんなに怒らないでよ。

slack は「緩み、たるみ」。cut someone some slack で「大目に見る、勘弁する」といった意味になります。Give me a break. は「休憩をくれ」が直訳ですが、これも「もう勘弁して」というニュアンス。upset は「腹を立てて、取り乱して」。

Cut to the chase. ★○○   要点を言ってよ。

関連表現 **What's your point?** ★★○   要するに何？

Get to the point. ★★○   要点に入ってよ。

What're you trying to say? ★★★   何が言いたいの？

chase は「追跡」がもとの意味。Cut to the chase. では「末節の話をやめて議論の本題に入って、要点に入って、本論に移って」といった意味になります。point は「話の要点、ポイント」のこと。

A: I'd like you to come to my graduation ceremony next weekend. Can you make it?

来週末の私の卒業式に来てほしいの。来られる？

B: I wouldn't miss it for the world!

絶対に行くよ！

A: How could you forget that today was our anniversary?!

今日が記念日なのを、なんで忘れちゃうのよ？

B: Cut me some slack. You know how stressed out I've been at work. I'm really sorry.

勘弁してよ。仕事ですごいストレスなのはわかってるよね。本当にごめんよ。

A: I want to tell you something but I'm not sure how to say it.

話したいことがあるんだけど、どう言えばいいかわからないの。

B: Cut to the chase.

要点を言ってよ。

210

Don't be a stranger. ●●○　　もっと連絡ちょうだいね。

関連表現　**Keep in touch.** ●●☆　　　　　　　連絡してね。

Give me a call sometime. ●●　たまには電話してよね。

Let's get together again soon. ●●●　またすぐ会おうね。

Don't be a stranger. は「他人にならないでね」が直訳ですが、しばらく会っていなかった友達と別れる場面で「もっと頻繁に連絡をちょうだいね」というニュアンスで使います。

211

Don't be so hasty. ●●●　　あわてないでください。

関連表現　**Hold your horses.** ●☆☆　　あわてないで。

Wait a second now. ●●☆　　ちょっと待って。

Hold on a minute. ●●☆　　ちょっと待って。

いずれも交渉などで相手が性急に物事を進めようとするのを留めるときに使えます。hasty は「急いだ、軽率な」。Hold your horses. は「あなたの馬を抑えておきなさい」が直訳ですが、「あわてないで、落ち着いて」と相手をいさめるひとことです。

212

Don't bet on it. ●☆☆　　それはないよ。

関連表現　**I don't think so.** ●●☆　　そうは思わないな。

It's not likely to happen. ●●●　それはありそうにないです。

That's unlikely. ●●●　それはなさそうですよ。

Don't bet on it. は直訳すると「それには賭けるな」となります。つまり、「そうならない確率が高い」→「当てにならない、それはない」ということ。not likely to happen は「起こりそうにない」、unlikely は「ありそうにない」。

A: It was great to see you again!

また会えてよかったよ！

B: Likewise. Don't be a stranger.

こちらもよ。また連絡してね。

A: I have your card. I'll be in touch.

君の名刺をもらったから、連絡するよ。

B: I look forward to it.

楽しみにしてるわ。

A: If you're not going to match your competitor's prices, then I'm going to take my business elsewhere.

競合他社の値段に合わせないのでしたら、仕事はよそへ持っていきますよ。

B: Don't be so hasty. I'm sure we can work something out.

あわてないでください。きっと解決策はありますよ。

A: Do you think Japan can win the World Cup this year?

今年、日本はワールドカップで優勝できると思う？

B: Don't bet on it.

それはないよ。

Don't get me wrong. ✱✱○　　　誤解しないで聞いてね。

関連表現　**Don't get the wrong idea.** ✱✱○　　　誤解しないで。

Don't get the wrong impression. ✱✱○　誤解しないで。

Don't misunderstand me. ✱✱✱　勘違いしないでくださいね。

「誤解しないで聞いてね」と、重要なことを切り出すときの前置きに使います。get someone wrong は「…の言葉を誤解する」。wrong idea は「間違った考え」、wrong impression は「間違った印象」、misunderstand は「誤解する」という意味。

Don't give me that. ✱✱○　　もうたくさん。聞きたくない。

関連表現　**Don't tell me that.** ✱✱○　　もうたくさん。聞きたくない。

Don't lie to me. ✱✱○　　ウソを言わないで。

I don't want excuses. ✱✱✱　言い訳は聞きたくないよ。

Don't give me that. や Don't tell me that. は、信用できない相手に「ウソや言い訳はもうたくさんだ、聞きたくない」と強く伝えるときに使います。lie は「ウソを言う」、excuse は「言い訳」の意。

Don't I know it! ✱✱○　　よくわかってるよ！

関連表現　**Ain't that the truth!** ✱○○　　その通りだね！

I know, I know. ✱✱○　　わかってる、わかってる。

You don't have to tell me! ✱✱○　言われなくてもわかってる。

「私がそれを知らないとでも？→よくわかっているよ」という意味。素直に相手の言葉を受け取る言い方で、皮肉などは含まれていません。Don't I know it! と Ain't that the truth! は、反語的に話し手の強い気持ちを表す修辞疑問文の一種です。

A: **Are you really sure you're ready to get married?**

ホントに結婚する心構えはできてるの？

B: **Of course, I am.**

もちろんだよ。

A: Don't get me wrong. **I think Sarah is a great person, but marriage is a big deal.**

誤解しないで聞いてね。サラはすばらしい人だと思うけど、結婚は重大なことなのよ。

A: **Why are you so late getting home tonight?**

どうして今夜は帰宅がこんなに遅くなったの？

B: **We had a problem at work.**

職場で問題が起きてね。

A: Don't give me that. **I called your office and they said you weren't there!**

もうたくさんよ。オフィスに電話したら、あなたはいないって言ってたわよ！

A: **You're about to turn forty. It's about time you start saving for retirement.**

もうすぐ 40 才だから、そろそろ君も引退後のお金を貯め始める時期だよね。

B: Don't I know it!

うん、わかってる！

Don't let me down. ★★☆　　しっかりやってよ。

関連表現　**Don't screw up.** ★☆☆　　　　ヘマをやるんじゃないぞ。

Don't disappoint me. ★★☆　　がっかりさせないでくれよ。

Don't make me regret this. ★★★　私に後悔させないでくれよ。

仕事などに関して「しっかりやってくれ」「（君に任せたことを）後悔させないでくれ」といったニュアンス。let someone down は「…を失望させる」、screw up は「ヘマをやる」、disappoint は「がっかりさせる」、regret は「後悔する」。

Don't look at me! ★★☆　　私を見ないでよ！ 疑わないでよ！

関連表現　**Don't blame me!** ★★☆　　　僕のせいにしないでよ！

It wasn't me. ★★☆　　　　　僕ではないよ。

It's not my fault. ★★★　　　僕のせいじゃないよ。

Don't look at me. は、疑いの目で自分を見ている相手に対して「私を見ないで」＝「私のせいじゃないよ」と反発する表現です。blame は「非難する」という意味の動詞、fault は「責任、失敗」の意味の名詞です。

Don't make me laugh. ★★☆　　笑わせないでよ。

関連表現　**That's a pipe dream.** ★☆☆　　はかない夢だよ。

That's a dumb idea. ★★☆　　バカなアイデアね。

That's never going to happen. ★★☆　それは無理よ。

いずれも、夢のような話をしている相手に「バカバカしい」「そんなの無理に決まっている」と伝える表現です。pipe dream は「（アヘンの）パイプで見る夢」。dumb は「バカげた」という意味の形容詞。

A: I've decided to recommend you for the new management position that is opening.

空席になっている新しいマネージメント職に君を推薦しようと決めたんだよ。

B: That's great! Thank you so much!

すばらしい！ ありがとうございます！

A: Don't let me down.

しっかりやってくれよ。

A: Who broke my brand-new crystal vase?

私の新しいクリスタルの花瓶を壊したのは誰よ？

B: Don't look at me!

僕を見ないでよ！

A: I've decided to run for President.

大統領選に出ることにしたんだよ。

B: Don't make me laugh.

笑わせないで。

4語フレーズ

Don't rock the boat. ●○○　　　波風を立てないでよ。

関連表現　**Don't make waves.** ●☆☆　　　波風立てないで。

Don't make trouble. ●●☆　　　面倒を起こさないの。

Don't try to change things. ●●●　決まってることを変え
ようとしないでよ。

rock the boat と make waves は、いずれも「波風を立てる」という日本語
にあたる英語表現です。make trouble は「面倒・トラブルを起こす」とい
う意味のフレーズ。

Don't tell a soul. ●●○　　　誰にも言わないで。

関連表現　**Don't tell anyone.** ●●○　　　誰にも言っちゃダメ。

It's a secret. ●●○　　　秘密だからね。

This is between us. ●●○　　　ふたりだけの秘密だよ。

soul は「魂」という意味のほかに「人」を指す場合があり、Don't tell a
soul. は「誰にも言わないで」という意味になります。secret は「秘密」。
This is between us. は「私たちだけの秘密だよ」というニュアンスです。

Don't waste your breath. ●●○　　　言ってもムダだよ。

関連表現　**Don't waste your time.** ●●○　　　時間のムダだよ。

He won't understand. ●●○　　　理解してくれないよ。

He's not going to listen. ●●●　　聞き入れてくれないよ。

Don't waste your breath. は「息をムダ遣いするな」、つまり「ムダなこと
は言うな、言ってもムダだ」という意味です。waste one's time は文字通
り「時間をムダにする」という意味のフレーズ。

A: Did you get your summer bonus?

夏のボーナスはもらったの？

B: Yeah, but I'm not too happy with it. I'm going to ask for more.

うん、でもあまり満足してないんだ。もっとほしいって言うつもり。

A: Don't rock the boat.

波風を立てちゃダメよ。

A: I asked Lucy to marry me!

ルーシーに結婚を申し込んだんだ！

B: That's great!

それはすばらしいわ！

A: Don't tell a soul. She hasn't given me an answer yet.

誰にも言わないでくれよ。まだ返事をもらってないんだから。

A: I'm thinking about asking the boss for a raise.

上司に昇給をお願いしようと思ってるんだ。

B: Don't waste your breath. He hasn't given anyone a raise in more than two years!

言ってもムダよ。2年以上、誰の給料も上げてくれないんだから！

Do you hear me? ★★☆　　　わかってる？

関連表現　**Do you get my drift?** ★☆☆　　意味わかる？
Do you follow me? ★★☆　　わかってる？
Do you get my meaning? ★★★　意味はわかってる？

イライラしながら相手に対して、「状況が飲み込めているか？」「こちらの言っていることがちゃんとわかっているのか？」と問い詰める表現です。drift は「話の流れ」、つまり「言わんとしていること」という意味。

Do you read me? ★☆☆　　　わかった？

関連表現　**Do you get me?** ★☆☆　　　わかった？
Do you understand me? ★★☆　わかりますか？
Understand? ★★☆　　　　　わかりますね？

いずれも相手に対して、こちらの言いたいことを理解したかどうかを確認する表現です。Do you read me? はパイロットなどが「了解ですか？」といった意味で使う表現ですが、会話では相手にきつく確認する場面で使われます。

For crying out loud! ★★☆　　まったくあきれたもんだ！

関連表現　**Jesus Christ!** ★☆☆　　まったく！
For Pete's sake! ★★☆　　あきれたよ！
Sheesh! ★★☆　　　　　もう！

いずれも、あきれた場面で使える表現。多くの場合、後ろに疑問文を伴って、「これはあきれた、これは驚いた」という意味で使います。Jesus Christ! は、現代では多くの人に使われています。Pete は Peter（使徒ペテロ）の代わりの言葉。

A: I'll pay you back the money I owe you this weekend.

今週末には借りているお金を返すよ。

B: If I don't get it this weekend, we're going to have a problem. Do you hear me?

今週末もらえなかったらトラブルになるからね。わかってる？

A: I got it.

わかったよ。

A: Either you get here on time from now on or you look for work elsewhere. Do you read me?

今後、時間通りに来るか、ほかの仕事を探すかのどちらかだ。わかったな？

B: Yes. I understand.

はい、わかりました。

A: Let me get this straight. You got into an accident with the rental car. And you didn't have insurance?

確認させて。レンタカーで事故に遭って、保険に入ってなかったの？

B: Yeah. But it wasn't my fault!

うん。でも僕のせいじゃないんだよ！

A: For crying out loud! What were you thinking?

あきれた！ いったい何を考えてるの？

225

Get back to me. ★★☆　　　　あとで知らせてください。

関連表現　**Give me your answer soon.** ★★★　早く返事をください。

Let me know your answer. ★★★　返事を教えてください。

Inform me of the results. ★★★　結果を教えてください。

Get back to me. は直訳すると「私に戻って来てくれ」ですが、「あとで連絡をくれ」という意味で使うひとこと。現時点で何かの結果や状況などが不明なときに、あとで自分に知らせてもらうために使う表現です。

226

Get off my back! ★☆☆　　　　うるさいなあ！

関連表現　**Leave me alone!** ★★☆　　　放っておいて！

Don't bother me! ★★☆　　うるさいよ！ 邪魔しないで！

Don't boss me around! ★★☆　うるさく言わないでよ！

何かでうるさく言われて、キレたときのひとこと。get off one's back は「背中から離れて」が直訳。実際は「うるさく言わないでくれ」というニュアンス。bother は「悩ます、困らせる」。boss around は「あれこれうるさく文句を言う」。

227

Get on with it! ★★☆　　　　続けなさい！

関連表現　**Keep going!** ★★☆　　　　続けなさい！

Don't stop now! ★★☆　　休まないでやりなさい！

get on with ... は「（中断している作業などを）続ける」という意味。Keep going. は「やり続けなさい、進み続けなさい」という意味。「がんばって続けなさい」と声援を送るときにも使います。

174

A: Did you review my proposal?

提案書は見てもらえましたか？

B: To be honest I haven't had time yet.

正直、まだ時間がなくて。

A: Get back to me. I need to know by next week at the latest.

あとで連絡をください。遅くとも来週までには知っておく必要があるんです。

A: Have you finished your homework?

宿題は終わったの？

B: Not yet.

まだ。

A: Then why are you playing video games?!

じゃあ、どうしてテレビゲームをやってるの？

B: Get off my back!

うるさいなあ！

A: Why aren't you guys working?

どうして君たちは働いてないのかな？

B: We're taking a break.

休憩してるんです。

A: Who said you could do that? Get on with it!

誰が休んでいいって言った？ 続けなさい！

228

Get outta my way! ●●○

どいて！

関連表現 **Make a hole!** ★○○　　　　空けて！

Coming through! ●●○　　　通るよ！

Watch it! ●●○　　　　　　危ないよ！

outta は out of の省略。物を運んでいるときや、急いでいるときに「どいて！通して」といった意味で使います。ややラフな感じはしますが、急いでいるときに誰もが使う言い方なので、失礼にはなりません。

229

Get with the program! ★○○

ちゃんとやりなさい！

関連表現 **Stop fooling around!** ●●○　　ちゃんとしなさい！

Do your job! ●●○　　　　　　ちゃんと仕事をしなさい！

Do what you're supposed to. ●●●　やるべきことを
やりなさい。

Get with the program. は「プログラム通りにやりなさい」が直訳。相手が仕事などをやっていなかったり、作業が遅れているときなどに使います。目下の人に対して使うのが普通です。fool around は「まともなことをせず、ぶらぶらする」。

230

Get your act together! ●●○

しっかりしなさい！

関連表現 **Stop screwing around.** ★○○　　まじめにやって。

Clean up your act. ●●○　　　　ちゃんとしなさい。

やるべきことをやっていない相手に注意を促す表現。get one's act together は「しっかりした行動を取る」。screw around は「まともなことをせず、ぶらぶらする」。clean up は「改善する」。

A: **Get outta my way!**

どいて！

B: Sorry. I didn't mean to be in the way.

ごめん。邪魔する気はなかったの。

A: Did you take out the garbage like I asked?

言った通り、ゴミを出してくれた？

B: Not yet.

まだだよ。

A: **Get with the program!**

ちゃんとやりなさい！

A: I saw you come in late for work again.

また君が遅刻してきたのを見たけど。

B: I was only a few minutes late.

ちょっと遅れただけですよ。

A: **Get your act together!** You know that management keeps tabs on things like that.

しっかりしなさいよ！ 上層部がそういうことに目を光らせてるのはわかってるでしょ？ ＊ keep tabs on ...「…に目を光らせる」

231

Give it a rest! *○○   もうやめてよ！

関連表現 **Stop talking about that!** **○   もうその話はやめてよ！

Don't bring that up anymore! ***

もう話を蒸し返さないでよ！

もう聞きたくない話を相手が再び言い出したときに、「その話はもうや
めて」と伝えるひとことです。give it a rest は「それに休憩を与える」、
bring that up は「その話をもち出す」という意味。

232

Give me a break! *○○   もう、うんざりだ！ バカバカしい！

関連表現 **What a joke!** *○○   バカバカしい！

That's stupid! **○   バカみたい！

That's ridiculous! ***   バカげてる！

Give me a break. は「休憩させて」が直訳ですが、「(そんなバカな話
は) もううんざりだ、冗談も休み休み言え」という意味になるひとこと。
What a joke! は「なんとすばらしいジョークだ」ではなく、「バカバカし
い (話だ)」というニュアンス。

233

Give me a ring. *○○   電話して。

関連表現 **Holler at me.** *○○   連絡して。

Give me a call. **○   電話ちょうだい。

Call me. **○   電話してね。

ring は「ベル」ではなく「電話」の意味。call も「電話」です。holler は「大
声で叫ぶ」。Holler at me. は「私に大声で叫んで」ではなく、「連絡して」
という意味で使われるフレーズです。

A: I still can't believe you spilled wine all over that beautiful woman last night!

あなたが昨日の夜、あのきれいな女性にワインをぶっかけちゃったのがいまだに信じられないわ！

B: **Give it a rest!**

もうやめてよ！

A: Did you hear Joe's latest idea to get rich?

ジョーの金持ちになるための最新アイデアを聞いたかい？

B: What is it this time?

今度は何を言い出したの？

A: He says he's going to become a professional poker player.

プロのポーカー・プレーヤーになるって言ってるんだ。

B: **Give me a break!**

もう、うんざりよ！

A: Are you coming to the party this weekend? I need a headcount.

今週末のパーティーには来る？ 人数を確認したくて。

B: I'm really not sure yet if I can or not.

行けるかどうか、ホントにまだわからないんだよ。

A: **Give me a ring.** I need to know by Thursday at the latest.

電話してよ。遅くとも木曜までには知りたいの。

Hats off to you! ★★☆　　おめでとう！

関連表現 **My man!** ★☆☆　　やった～！

Great job! ★★☆　　やったね！

Congratulations! ★★★　　おめでとう！

hats off は「帽子を取る」が直訳。卒業式で帽子を投げ上げることに由来する言い方で「おめでとう」と相手を賞賛するときに使います。My man! も「やったね」「おめでとう」という意味ですが、これは男性に対してのみ使える言い方。

Have it your way. ★☆☆　　勝手にしたら。

関連表現 **Do whatever you want.** ★★☆　　やりたいようにやったら。

If that's what you want. ★★☆　　そうしたいのなら、仕方ないね。

Do as you wish. ★★★　　好きなようにしたら。

相手のなんらかの決断に対して忠告したけれども、聞き入れてもらえない場合に使う表現です。いずれも「もう好きにしたら」「勝手にして」といったニュアンス。Have it your way. が最もくだけた響きになります。

He let it slide. ★☆☆　　見逃してくれたよ。

関連表現 **He didn't say anything.** ★★☆　　何も言わなかったよ。

He forgave me. ★★★　　許してくれたよ。

slide は「滑らせる」がもとの意味ですが、ここでは「見逃す、放っておく」という意味で使われています。let it slide で「それ（遅刻）を見逃す」となります。forgive は「許す」という意味の動詞。

A: Guess what I did?

やったんだよ！

B: What?

何？

A: I finally quit smoking. Haven't had a cigarette all week.

ついに禁煙したんだ。1週間タバコを吸わなかったんだ。

B: Hats off to you!

おめでとう！

A: I don't think it's a good idea to drop out of college.

大学を中退するのはいい考えじゃないわよ。

B: Well, I've made up my mind. That's exactly what I am going to do.

いや、決めたんだよ。絶対にそうするんだ。

A: Have it your way.

勝手にしたら。

A: What did your boss say when you showed up late?

遅れて出社したとき、あなたの上司は何て言ったの？

B: He let it slide.

見逃してくれたよ。

He's head over heels. **○

ぞっこんなんだよ。

関連表現 **He's happy as a clam.** *○○　最高にうれしそうだよ。

He's overjoyed. **○　頭に血が上ってるんだよ。

head over heels は「真っ逆さまに」が直訳ですが、逆さになるくらい惚れ込んでいる様子を表します。happy as a clam は happy as a clam at high water（満ち潮のときの貝のように幸せ）が短くなったもの。overjoyed は「大いに喜んで」。

He's in bad shape. **○

よくないね。

関連表現 **He's hit rock bottom.** *○○　最悪の状態。

He's in dire straits. *○○　最悪だよ。

He's really depressed. ***　ひどく落ち込んでるよ。

bad shape は「体調」だけでなく、「金銭面、心理状態など」がよくないことも表します。rock bottom は「どん底」。be in dire straits は「危険の差し迫った海峡にいる」が直訳で、「最悪の状態だ」という意味になります。

He's on cloud nine. *○○

天にも昇る気持ちだよ。

関連表現 **He's thrilled.** **○　ワクワクしてるよ。

He's so happy. **○　すごく喜んでるよ。

He couldn't be happier. ***　最高に喜んでるよ。

be on cloud nine の直訳は「九番目の雲の上に乗っている→神にいちばん近い天国にいる」で「最高に幸せだ」ということ。be thrilled (to death) は「最高にワクワクしている」、couldn't be happier は「これ以上うれしくはなれないだろう」。

A: I heard your father bought that BMW he always wanted. How does he like it?

あなたのお父さんがずっとほしがってた BMW を買ったって聞いたわよ。気に入ってる？

B: He's head over heels.

ぞっこんなんだよね。

A: I heard your father lost his job. How's he doing?

お父さん仕事を失ったって聞いたけど、どうしてるの？

B: He's in bad shape. He's been drinking too much because he thinks no one will hire him at his age.

よくないね。彼の年齢では誰も雇ってくれないと思って、お酒を飲みすぎてるんだ。

A: How's your brother like his new job?

お兄さんの新しい仕事はどうなの？

B: He's on cloud nine. He's dreamed about being a YouTuber for a long time.

天にも昇る気持ちみたいだよ。長い間ユーチューバーになることにあこがれていたからね。

240

I bit my tongue. ★○○   口出ししなかったよ。

関連表現 **I held back.** ★★☆   言うのは遠慮した。
I kept quiet. ★★☆   黙ってたよ。
I didn't say anything. ★★★   何も言わなかったよ。

bite one's tongue は直訳すると「舌を噛む」になりますが、実際は「言いたいことを我慢する、控える」という意味。hold back は「抑える、控える、抑制する」という意味のフレーズ。

241

I can accept that. ★★☆   それなら、なんとか（受け入れられる）。

関連表現 **I can't argue with that.** ★★☆   それはもっともだね。
I can live with that. ★★☆   それなら、まあいいかな。
I think that's fair. ★★☆   それなら納得だね。

ほかに選択肢がない状況で相手から何かを提案されたときに、「それならなんとか受け入れることができる」というニュアンスで使います。acceptは「受け入れる」、argue は「議論する」。live with ... は「…で我慢する、受け入れる」。

242

I couldn't care less. ★○○   どうでもいいよ。

関連表現 **I don't give a damn.** ★○○   関係ないよ。
I don't care at all. ★★☆   気にしてないし。
I don't care one bit. ★★☆   まったく気にしてないから。

I couldn't care less. は「これ以上少なく気にすることはできないだろう」が直訳。要するに「まったく気にならない」という意味。give a damn は「気にする」という意味で使われています。not ... one bit は「ちっとも…ない」。

A: What did you say when the teacher made a mistake?

先生がミスしたとき、何て言ったの？

B: I bit my tongue.

口出しはしなかったよ。

A: Since you need a place to stay, you can stay with me.
You'll have to pay for your share of the utilities and food.

滞在するところが必要なんだから、うちに来るといいわ。

自分の分の公共料金と食費は払ってね。

B: I can accept that.

それなら、なんとか。

A: If you keep missing classes at school, you're not going to be able to graduate!

学校の授業を欠席し続けると、卒業できないよ！

B: I couldn't care less.

どうでもいいよ！

185

I don't get it. **☆

理解できない。納得できない。

関連表現 **I don't understand.** **☆   理解できないよ。

I can't see why. ***   理由がわからないよ。

I can't figure it out. ***   理解できませんよ。

いずれの表現も、なんらかの事柄について、自分が納得していない気持ちを表すことが可能です。get はここでは「理解する」という意味。understand, see, figure out も「理解する」という意味で使われています。

I just can't win. **☆

うまくいかないんだよ。

関連表現 **I don't have any luck.** **☆   まったく運がないんだよ。

Nothing goes my way. **☆   全部裏目に出るんだ。

That's just my luck. **☆   ついてないよ。

いずれも「運がない」「ついてない」ということを意味します。ここでの win は「成功する」。go one's way は「自分の思い通りに行く」。That's just my luck. は「それが私の巡り合わせなんだよ」→「僕はついてないんだよ」というニュアンス。

I'll be right there. **☆

すぐに行くよ。

関連表現 **I'll be there soon.** **☆   すぐそこに行くから。

I'm almost there. **☆   もうすぐ近くにいるから。

I'm just about there. **☆   すぐ近くだから。

いずれも待ち合わせに遅れている人が「(もう)すぐに(そこに)着くから」という言い訳のひとこと。almost there(ほぼその近く)と just about there(すぐ近く)は距離的に近くにいるというニュアンスもこもっています。

A: I heard that your department is thinking about laying some people off.

君の部署で人員削減を考えていると聞いたんだけどね。

B: Yeah. I don't get it. We are twice as busy as we were this time last year.

ええ。納得できないわ。去年の今頃の2倍忙しいのに。

A: How did you do on your driver's license test?

運転免許の試験はどうだったの？

B: I failed it again.

また落ちちゃった。

A: What is that ... three times now?!

なに？　もう3回目でしょ？

B: I just can't win.

うまくいかないのよ。

A: Hello?

もしもし。

B: Hey, it's Suzie. You were supposed to be here fifteen minutes ago.

スージーよ。15分前に、ここで待ち合わせたのよね？

A: I'll be right there.

すぐに行くから。

I'm counting on you. ★★○　当てにしてるよ。

関連表現　**I'm depending on you.** ★★○　頼りにしてる。

I'm trusting you. ★★○　信頼してるよ。

相手がその責任をちゃんと果たしてくれることを「当てにしている」「頼りにしている」という意味のフレーズ。count on ... は「…を当てにする、頼りにする」という意味。depend on ... は「…に頼る」、trust は「信用する、頼りにする」。

I'm having second thoughts. ★★○　どうなんだろうと思ってる。

関連表現　**I might've made a mistake.** ★★○　失敗したのかも。

I'm doubting my decision. ★★★　自分の決断を疑ってるんだ。

自分がすでに決めたことについて、疑問をもち始めていたり、失敗だったのではと思い直したりする場面で使うフレーズです。second thought は「再考」、make a mistake は「失敗する」、doubt は「疑う」。

I'm in a rut. ★○○　うまくいかないんだ。

関連表現　**I'm stuck.** ★★○　不調なんだ。

I don't know what to do. ★★○　どうしたらいいかわからない。

I've lost my motivation. ★★★　モチベーションが上がらない。

rut は車の轍（わだち）のこと。be in a rut は「轍にハマって抜け出せない」が直訳。転じて「なかなかうまくいかない、やりたいように進まない」といった意味で使われます。stuck も「抜け出せない、途方に暮れた」という意味。

A: Are you sure you can run the office for me while I'm gone next week?

ホントに来週、私がいない間、オフィスを管理してくれるの？

B: Don't worry about it. Everything will be fine.

心配ないですよ。全部任せておいてください。

A: I'm counting on you.

頼りにしてるわ。

A: Are you happy you took that new job?

新しい仕事に就けて幸せ？

B: I'm having second thoughts.

どうなんだろうと思ってる。

A: How's the book you were writing coming along?

君の書いていた本、調子はどう？

B: I'm in a rut. Nothing I write feels right.

うまくいかないの。何を書いても違う感じ。

A: Maybe you need to take a break for a while.

おそらく、ちょっと休みが必要なんだよ。

249

I'm in your corner. ★★☆ あなたの味方だよ。

関連表現 **I'm on your side.** ★★☆ あなたの味方だよ。

I've got your back. ★★☆ あなたの味方だよ。

corner はボクシングなどの「コーナー」のことで、自分の味方であるコーチやトレーナーなどがいる場所を指します。I'm in your corner. は「私はあなたのコーナーにいる」つまり「あなたの味方だ」と断言する言い方になります。

250

I'm nuts about it. ★★☆ 夢中になってるよ。

関連表現 **I'm crazy about it.** ★★☆ もう夢中だよ。

I'm wild about it. ★★★ 夢中だよ。

nuts はもともと「豆」のことですが、be nuts about ... とすると「…に夢中である」という意味になります。be crazy about ... や be wild about ... も同じ意味で用いられるフレーズです。

251

I'm on my way. ★★☆ そっちに向かってる。

関連表現 **I'm heading to you now.** ★★☆ 今そっちに向かってる。

I'm en route. ★★★ 向かう途中なんです。

相手のいる場所に向かっていることを伝える表現です。on one's way は「途中」。 head to ... は「…に向かう」。en route はフランス語の転用で「向かっている途中」の意味。

A: You believe me that I didn't do what everybody says, right?

みんなが言ってるようなことを僕がやってないって、君は信じ
てくれるよね？

B: I'm in your corner. I don't care what anybody says.

私は、あなたの味方よ。みんなが言ってることは気にしないわ。

A: How do you like your new job?

新しい仕事はどう？

B: I'm nuts about it. I can't imagine doing anything else.

夢中になってるよ。ほかの仕事はもう考えられないね。

A: That's great to hear.

それはよかった。

A: Where are you at? Everyone is here except you!

どこにいるの？ あなた以外、みんな来てるのよ！

B: I'm on my way. I'll be there in ten minutes.

そっちに向かってるんだ。10分で着くから。

A: Hurry up!

急いで！

I'm up for it. ★★○　　いけそうだよ。

関連表現　**I'm ready.** ★★○　　万全だよ。

I can do it. ★★○　　大丈夫だよ。

I'm prepared. ★★○　　準備できてる。

いずれも、何かの準備が整っていて、自信があるときに使えるひとことです。be up for ... は「…に乗り気だ、準備ができている、自信がある」といった意味。ready や prepared は「準備ができて」の意。

I'm walking on air. ★★○　　ウキウキしてるよ。

関連表現　**I'm pumped.** ★★○　　興奮してる。

I'm thrilled. ★★○　　最高にうれしい。

I'm ecstatic. ★★★　　最高の気分。

walk on air は「空中を歩いている」が直訳ですが、「うれしくて最高にウキウキしている状態」を表します。pumped は「興奮した」、ecstatic は「恍惚の、有頂天の、夢中の」といった意味で、喜びの極みを表す言葉です。

I owe you one. ★★○　　ひとつ借りだね。感謝してるよ。

関連表現　**Thanks a lot.** ★★○　　ホントにありがとう。

I'm really grateful. ★★★　　すごく感謝してます。

I really appreciate the favor. ★★★　　あなたの厚意に感謝しています。

owe は「借りがある」という意味の動詞。I owe you one. は「ひとつ借りだね、感謝してるよ」という意味で使います。grateful は「ありがたく思って」、appreciate は「ありがたく思う、感謝する」、favor は「厚意」という意味です。

A: Your final exam is this weekend, right?

期末試験は今週末よね？

B: Yep.

うん。

A: How do you feel?

どんな感じ？

B: I'm up for it.

いけそうだよ。

A: I heard that you and Cindy got engaged! How does it feel?

あなたとシンディーが婚約したって聞いたよ！ どんな気分？

B: I'm walking on air. I've never been happier!

ウキウキだよ。これ以上の幸せはないよ！

A: Did the book I loaned you help with the test?

貸してあげた本は試験の役に立った？

B: Yes, thanks. I owe you one.

うん、ありがとう。借りができたね。

A: It was no big deal. I'm glad it helped.

たいしたことじゃないわよ。役に立ってよかったわ。

4 語フレーズ

255

It's cut and dried. ●○○　　　話は簡単だよ。

関連表現　**It's very simple.** ●●○　　　　至極シンプルなことだよ。

It's not complicated. ●●●　　難しい話じゃないよ。

It's easy to understand. ●●●　わかりやすい話さ。

cut and dried は「（肉などが）干して乾燥された」。「シンプルにすぐ食べられる、使える」ため、ここから「話は簡単だ」という意味に転じたものです。complicated は「複雑な」、easy to understand は「理解しやすい」という意味。

256

It's Greek to me. ●○○　　　チンプンカンプンだよ。

関連表現　**I didn't get it.** ●●○　　　全然わからなかったよ。

I don't understand it. ●●●　理解できないよ。

Greek は「ギリシャ語」という意味ですが、「（難しくて、知識がなく）理解不能だ、チンプンカンプンだ」ということ。説明や何かのやり方などに言及する場面で使います。It's all Greek to me. も同じです。

257

It's in the bag. ●○○　　　バッチリ。楽勝だよ。

関連表現　**It's a done deal.** ●●○　　　楽勝。

There's no question. ●●○　間違いないよ。

in the bag は「バッグの中に入っている」が直訳ですが、「もう大丈夫だと決まっている、勝ったも同然」といったニュアンスで使います。done deal は「終わった交渉」が直訳ですが、こちらも「成功は確定している」というニュアンス。

A: I just found out my husband has been having an affair. I don't know what to do.

夫が浮気してるのを発見しちゃって、どうしたらいいかわからないの。

B: What are you talking about? It's cut and dried. You should divorce him.

何を言ってるの？ 話は簡単だよ。離婚すべきだよ。

A: Did you understand what they were saying in that seminar?

セミナーで話されていたことは理解できた？

B: It's Greek to me. It was way over my head.

チンプンカンプン。僕の能力をかなり超えてたよ。

A: Me too.

私も。

A: Are you ready for your final exam?

期末試験の準備はできた？

B: It's in the bag.

バッチリさ。

258

It's to die for. •□□　　　死ぬほどいいよ。

関連表現　**It's out of this world!** ••□　　この世のものではないよ！

It's off the hook! ••□　　最高だよ！

It's fantastic! ••□　　すばらしいんだ！

It's to die for. は「それは求めて死ぬためのものだ」が直訳ですが、「死んでもいいくらいすばらしい、ほしい」という意味で使います。out of this world は「この世の外に」、off the hook は「すごい、すばらしい、すごくかっこいい」という意味。

259

It was a blast! •□□　　　最高に楽しかったよ！

関連表現　**It kicked ass!** ••□　　最高に楽しかった！

It was killer! ••□　　最高の楽しみだった！

It rocked! ••□　　最高に楽しかった！

blast は、もともと「爆発」という意味から転じて「大きな楽しみ」という意味合いで使われています。kicked ass や rocked は「最高に楽しかった」という意味。killer は「殺し屋」から「最高の楽しみ」という意味に変化したもの。

260

I've got to run. ••□　　　もう行かないと。

関連表現　**I need to go.** ••□　　　行かないとダメなんだ。

I have to get going. ••□　　そろそろ行かないと。

I have to head out. ••□　　そろそろ出ないと。

I've got to run. は「走らなければ」ではなく、「もう行かないと」というニュアンス。どこかの場所から、そろそろ引き上げなければならないときに使います。head out は「どこかに向かって出る」という意味のフレーズ。

A: You really need to try the pasta at that new Italian restaurant in Kichijoji.

吉祥寺の新しいイタリアンの店のパスタは、絶対食べてみるべきだよ。

B: Is it good?

おいしいの？

A: It's to die for.

死んでもいいくらい（うまい）よ。

A: How was your vacation in Thailand?

タイでの休暇旅行はどうだった？

B: It was a blast! It was even better than I imagined it would be!

最高に楽しかった！ 想像以上だったわ！

A: The next round is on me.

次の１杯は僕がおごるよ。

B: I've got to run.

もう行かないと。

A: So soon? You just got here!

そんなに早く？ 来たばかりじゃないか！

4語フレーズ

261

I've got your back. ●○○

私は味方だからね。

関連表現 **I'll vouch for you.** ●●○　私が保証するから。

I'll back you up. ●●○　バックアップするよ。

I'll support you. ●●●　サポートは任せて。

get someone's back は「…の背中を支える」、つまり「味方やサポートをする」という意味。vouch for ... は「…のことを保証する」という意味のフレーズ。back someone up は「…をバックアップする」。

262

I was blown away! ●○○

びっくり！

関連表現 **It rocked my world!** ●○○　衝撃！

I was shocked! ●●○　ショックだね！

I was really surprised! ●●●　ホントに驚いたね！

blow away は「吹き飛ばす」という意味のフレーズ。be blown away で「吹き飛ばされる」、つまり「ものすごく驚かされる」という意味になります。rock one's world は「…の世界を揺るがす」＝「衝撃を受ける」ということです。

263

I wish I could. ●●○

そうしたいけど無理なんだ。

関連表現 **I would if I could.** ●●○　できればそうしたいんですが。

I'd like to. ●●○　できればそうしたいけどね。

I'm not able to. ●●●　できないんですよ。

I wish I could. は「（できないけれど）そうすることができればなあ」という含みの表現で、相手の依頼を断るときの言い方です。ダイアローグのように、後ろに理由を続けて述べるのが普通です。

198

A: The manager wants to talk with me. I'm sure he thinks I'm the one who's been stealing money from the register at work.

マネージャーが僕と話したいって。職場のレジからお金を盗んでいるのが僕だと思ってるに違いないよ。

B: Just tell him the truth. I've got your back.

本当のことを言えばいいのよ。私は味方だよ。

A: Did you hear about the company president being arrested?

社長が逮捕されるって聞いたかい？

B: I was blown away!

びっくり！

A: Me too. He always struck me as an honest guy.

僕もさ。彼はいつも正直者って印象だったし。

A: Would you mind coming over this weekend to help me study for the math test?

今週末、数学の試験勉強を手伝いに来てくれない？

B: I wish I could. I'm going to Osaka to visit my grandparents.

できれば行きたいけど。祖父母を訪ねて大阪に行くんだよ。

Keep your fingers crossed. ** 希望をもとうよ。

関連表現 **Don't lose hope.** **◯ 希望を捨てないでいこうね。

Keep the faith. **◯ 自信をもってね。

Think positive. **◯ ポジティヴにいこうね。

Keep your fingers crossed. は「指をクロスしていなさい」が直訳ですが、これは何かを祈るときの仕草です。I'll keep my fingers crossed.（祈っているよ、応援してるよ）という表現もあります。faith は「自信、信念」の意。

Let's get to it. *◯◯ さあ、取りかかりましょう。

関連表現 **Let's get on it.** *◯◯ さあ、取りかかろう。

Let's get going. **◯ さあ、始めよう。

Let's get started. *** さあ、始めましょう。

get to it, get on it は「取りかかる」という意味。いずれの表現も、「（一緒に）急いで始めよう」「さあ、取りかかりましょう」と言うときに使います。

Let's rock and roll. *◯◯ よし、始めよう。

関連表現 **Let's begin.** **◯ さあ、行こう。

Let's do this. **◯ さあ、やろう。

rock and roll は 1970 年代から流行しているフレーズで、「やる、始める、盛り上がってやる」といった意味になる言い方です。begin は「始める」という意味。

A: I heard you were trying out for the school tennis team. How'd it go?

学校のテニスチームのトライアウトを受けてたって聞いたけど、どうだったの？

B: They haven't announced the final selections yet.

まだ最終結果を発表してないんだ。

A: Keep your fingers crossed.

希望をもとうよ。

A: I have a ten o'clock appointment for a permanent.

10 時にパーマの予約を入れている者です。

B: Welcome. Let's get to it.

いらっしゃいませ。さあ、やりましょう。

A: Are you ready to start?

準備はできた？

B: Let's rock and roll.

よし、始めよう。

My hands are tied. ★☆☆　　　　　私には無理だよ。

関連表現　**I can't help you.** ★★☆　　　　私には手伝えないよ。

I don't have the authority. ★★★　私には、権限がないよ。

いずれも「権限などがないので、やってあげられることはない」と伝える表現。hands are tied は「手が縛られている」→「権限がない」ということ。authority は「権限」。Chapter 5 の There's nothing I can do.(No. 348) も参照。

No doubt about that. ★★☆　　　　間違いないね。

関連表現　**That's a fact.** ★★☆　　　　まさにそうだよ。

That's the truth. ★★☆　　　その通りだよ。

That's for sure. ★★☆　　　確かに。

doubt は「疑惑、疑い」。no doubt で「間違いない」という意味になります。That's a fact. や That's the truth. も「それは事実だ」「それは真実だ」ではなく、「その通りだ」と同意する言い方です。for sure は「確実に、確かな」。

Over my dead body! ★★☆　　　　絶対に許さん！

関連表現　**I'll die first.** ★☆☆　　　　俺を殺してからにしろ。

I'll never allow it. ★★☆　　　絶対に許さん。

I won't let that happen. ★★★　そんなことはさせん。

Over my dead body. は「私の死体を越えて（やれ）」が直訳。要するに「死んでもそんなことはさせない、絶対にさせない」という意味。I'll die first.(まず俺が死ぬ) も同様のニュアンスで「私を殺してからにしろ」ということ。

A: Is there anything you can do?

何かあなたにできることはある？

B: My hands are tied. I'm sorry.

私には無理だよ。ごめんね。

A: We really need to find a way to increase our profit.

利益を上げる方法を本当に見つけないとね。

B: No doubt about that.

間違いないわね。

A: Dad ... I want to go get my nose pierced like my friend Mari.

父さん、友達のマリみたいに鼻にピアスを空けたいのよ。

B: Over my dead body!

絶対に許さん！

270

She's driving me crazy. ★★☆　　彼女にムカついちゃってね。

関連表現 **She's driving me nuts.** ★★☆　　彼女にイライラしちゃって。

She's driving me insane. ★★☆　　彼女に腹が立っちゃって。

drive someone crazy の直訳は「…を狂わせる」ですが、実際は「とても イライラさせる」という意味。crazy の代わりに nuts（バカ）や insane（狂気の）を使うこともあります。現在（進行）形で日常的に繰り返されていることを表しています。

271

So far so good. ★★☆　　今のところ順調だよ。

関連表現 **No problems so far.** ★★☆　　今のところ問題ないよ。

Okay so far. ★★☆　　今のところ大丈夫。

No issues yet. ★★★　　まだ問題は出てません。

順調に進んでいることを伝える表現の中で、よく使われているのが So far so good. です。so far は「これまでのところ」、so good は「とてもいい」。issue は「問題」。yet は「まだ、いまだ」という意味の副詞です。

272

So help me God! ★☆☆　　誓うよ！

関連表現 **Scout's Honor!** ★☆☆　　誓って！

I swear! ★★☆　　誓うよ！

I promise! ★★☆　　保証するよ！

So help me God. は「だから神よ、お力添えを」が直訳。宣誓の場面で「誓います」という意味で使われているもので、会話で「誓うよ」と言いたいときも使えます。Scout's Honor! はボーイスカウトの宣誓に由来する表現。

A: How come you and your girlfriend left the party early last night?

彼女とあなた、昨夜、どうしてパーティーを早く出ちゃったの？

B: She's driving me crazy. She's jealous of any woman I talk to. I can't stand it.

彼女にムカついちゃって。僕が話しかける女性みんなにヤキモチを焼くんだよ。やってらんなくてさ。

A: How is that project you are working on coming along?

君がやっているプロジェクトはどう？

B: So far so good.

今のところ、うまくいってる。

A: My purse was right here a few minutes ago.

Did you take it?

ちょっと前まで財布はここにあったの。

あなた取ったでしょ？

B: I didn't take it. So help me God!

取ってないよ。誓ってもいい！

Track- 93

273

Sorry doesn't cut it. ●○○　ごめんでは**済まされない**のよ。

関連表現　**Sorry doesn't get it.** ●○○　　　ごめんでは済まないよ。

Sorry is not enough. ●●○　　　ごめんでは足りないよ。

What you did is unforgivable. ●●●　あなたの行為は
許せない。

いずれも相手の言葉では「足りない、済まされない」というニュアンスの
ひとことです。cut itや get itは「足りる、要求を満たす」という意味のフレー
ズ。unforgivable は「許せない」という意味。

274

Thank God it's Friday! ●●○　　やっと週末だね！

関連表現　**TGIF!** ●●○　　　　　　　　やっと週末だね！

I'm glad this week's over. ●●●　やっと１週間終わったよ。

I'm glad it's the weekend. ●●●　　週末が来てよかった。

いずれも１週間の仕事を乗り切って「やっと週末だ」と言うときの表現。
Thank God it's Friday! の直訳は「神よ金曜日が来たことに感謝します」で
すが、これで「よかった、やっと週末だ」という気持ちが伝わります。
TGIF! はこの省略形。

275

That creeps me out. ●●○　　　恐い。

関連表現　**That gives me the heebie-jeebies.** ●○○　　恐いよ。

That freaks me out. ●●○　　恐いよ。

That weirds me out. ●●○　　気持ち悪い。

creep, freak, weird は、creepy, freaky, weird という、いずれも「気持ち悪い、
キモい」という意味の形容詞から転用された動詞です。heebie-jeebies は「恐
ろしい気持ち、恐がる気持ち」という意味で使われている語。

A: I'm really sorry I cheated on you. I didn't really mean to.

浮気したことは本当に悪かったよ。ホントはそんなつもりじゃ
なかったんだ。

B: Sorry doesn't cut it.

ごめんでは済まないわよ。

A: Can we at least talk about it?

少なくとも話だけでもさせてくれないかな？

A: How did your week go?

今週はどうだった？

B: Thank God it's Friday!

やっと週末だよね！

A: I hear that. I had a tough week too.

そうだよ。僕も今週は疲れたよ。

A: Check out my new tattoo!

新しいタトゥーを見てよ！

B: What is that? A skull?

それ何？ ドクロ？

A: It sure is.

その通り。

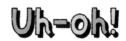

B: That creeps me out.

恐いわよ。

That hits the spot! ⁕⁕○　　　　うまい！

関連表現 **This is just what the doctor ordered.** ⁕⁕○

これがほしかったんだよ。

I needed this. ⁕⁕○　　　これがほしかったんですよ。

hit the spot は「（飲食物が）満足させる、おいしい、うまい」という意味。
This is just what the doctor ordered. は「これこそ医者が命令したものだ」
が直訳。この表現と I needed this. は食べ物や飲み物以外で満足したとき
にも使えます。

That's a tough break. ⁕⁕○　　　かわいそうに。

関連表現 **That's tough luck.** ⁕⁕○　　　　不運なことだね。

That's really unfortunate. ⁕⁕○　本当に不幸なことだね。

That's a shame. ⁕⁕○　　　　それはお気の毒にね。

tough は「厳しい」、break は「運、運命」という意味。luck と同じ意味で
使われています。unfortunate は「不運な」。shame は「不名誉、恥」など
の意味もありますが、ここでは「遺憾なこと、残念なこと」の意味。

That's enough for me. ⁕⁕⁕　　もう十分。もうお手上げだ。

関連表現 **I surrender.** ⁕○○　　　もう降参。

I quit. ⁕⁕○　　　　　もうやめるよ。

I'm done. ⁕⁕○　　　　もうおしまいにする。

何かに続けてトライしていたけれども、うまくいかずにあきらめたときに
使うひとこと。surrender は「降参する」、quit は「やめる」という意味の動詞。

A: Wow. That hits the spot!

わあ、これはうまい！

B: Yeah. I really had a taste for sushi too.

うん、私もホントにお寿司が食べたいと思ってたのよ。

A: I didn't see Kim at school.

キムを学校で見なかったけど。

B: Her little sister was killed in a car accident yesterday.

昨日、彼女の妹が自動車事故で亡くなったのよ。

A: Wow. That's a tough break.

ああ、かわいそうに。

A: Ha! That's three games in a row I beat you!

へっ！ これで3ゲーム連続、僕の勝ちだ！

B: That's enough for me. I just can't win.

もう十分。あなたには勝てないわ。

4 語フレーズ

That's news to me. ★★☆　　　　それは初耳だね。

関連表現　**I didn't know that.** ★★☆　　　知らなかったよ。
I haven't heard that. ★★☆　　初めて聞いたよ
Where did you hear that? ★★☆　どこで聞いたの？

初めて聞いたニュースに驚いて「それは初耳だ」と言うときのひとこと。news は「ニュース、知らせ」。haven't heard は「これまで聞いたことがない」という意味の現在完了形です。

That's the last straw! ★☆☆　　　もう我慢できない！

関連表現　**That does it!** ★★☆　　　もう終わりだ！ もうたくさんだ！
Okay, that's it! ★★☆　　　わかった、もう終わりだ！
Enough is enough already! ★★☆　　もう十分だ！

我慢の限界を超えて「もう我慢できない」「もうたくさんだ」と表現するフレーズです。It's the last straw that breaks the camel's back.（最後の１本の麦わらがラクダの背骨を折る）ということわざから生まれた表現です。

That's what you think. ★★☆　　そんなことないよ。あなたの意見ね。

関連表現　**Says you.** ★☆☆　　　　　まさか。バカな。よく言うよ。
That's your opinion. ★★★　　それは君の意見だよね。

いずれも、相手の意見に反対して「それは君の意見だ」「それは違うよ」「バカな」と言い返すときの表現です。what you think は「君が考えていること」。Says you. はスラングで「よく言うよ」「バカな」という意味になるフレーズ。

A: Did you hear that they are finally going to build a casino in Tokyo?

ついに東京にカジノを建設するって聞いたかい？

B: That's news to me.

それは初耳ね。

A: Yep. Construction is supposed to begin next spring.

うん。建設は来春スタートすることになってるって。

A: They changed the itinerary for our tour in Europe.

旅行会社が、私たちのヨーロッパツアーの予定を変更したのよ。

B: What?! That's the last straw! First, they raised the prices ... now this! I'm never using that travel agent again!

なんだって？ もう我慢できない！ 最初は値段を上げて、今度はこれか！ あの旅行会社はもう二度と使わない！

A: This year the Swallows are going to win the championship.

今年はスワローズが優勝だよ。

B: That's what you think.

そんなことないわよ。

That was a bust. **☆　　ダメだったね。

関連表現		
That didn't go so well. **☆	うまくいかなかったね。	
So much for that. **☆	ダメだね。	
That was a waste. **☆	ムダに終わったね。	

bust は「破裂、破綻」ですが、That was a bust. は努力がムダになったときの表現。That didn't go so well. は「あまりうまくいかなかった」ではなく「全然ダメだった」という気持ちで使います。So much for ... は「…はダメだった、…は終わりだ」。

Touch base with me. **☆　　連絡をください。

関連表現		
Get in touch with me. **☆	連絡してください。	
Contact me. **☆	連絡してください。	

touch base with ... は「…と連絡を取る」。get in touch with ...（…に連絡する）や contact ...（…に連絡する、…とコンタクトを取る）も同じ意味で使うフレーズです。

What is keeping her? **☆　　彼女、なんで遅れてるの？

関連表現		
Where is she at? **☆	彼女どこにいるんだよ？	
Why is she so late? ***	なんでこんなに遅いんだ？	
Why isn't she here yet? ***	なんでまだ来てないの？	

「何が彼女をここに来させないのだろう？」が直訳。keep は「引き留める」という意味。このフレーズの返事としては、Maybe it's the traffic.（おそらく混雑してるんだろう）などがよく使われます。

A: Four days of negotiations and they didn't budge at all.

4日間交渉しても、先方はまったく譲歩しない。

B: Yeah. That was a bust.

うん。ダメだったね。

A: So what's our next move?

で、こちらの次の手は？

B: I don't know.

さあね。

A: Have you made a decision about my offer?

私のオファーへの結論は出ました？

B: I need some more time to think about it.

検討にもうちょっと時間がほしいんですよ。

A: Okay. Touch base with me next week. I'm not going to wait forever though.

了解。来週、連絡をください。ずっとは待てませんけど。

A: Where's Kelly?

ケリーはどこ？

B: She said she was going to meet us here at 8:00. It's already 8:20.

8時にここで会うって言ってたのに、もう8時20分じゃないか。

A: What is keeping her?

どうして遅れてるんだろう？

B: I don't know.

さあね。

What's gotten into you? **☆ どうしちゃったの？

関連表現 **What's with you?** *☆☆　どうしたのさ？

What's your problem? **☆　どうしちゃったの？

What's wrong with you? ***　何があったの？

相手の言動がかなり過激で普通でないときに「どうしちゃったの？」「何があったの？」といった気持ちでたずねる言い方です。What's gotten into you? は「あなたに何が入り込んじゃったの？」が直訳。

What's it to you?! *☆☆ あなたには関係ないでしょ！

関連表現 **None of your business!** **☆　君には関係ないよ！

Why do you care? **☆　君の心配することじゃないよ。

That's not your concern. ***　君には関係ないでしょ。

What's it to you? は「それがあなたにとって何なのさ」が直訳。「あなたには関係ないでしょ」という響きで、あまり関係のない人の詮索を遠ざけるための表現です。care は「気にする」、concern は「関心事、心配事」という意味。

Where are you headed? **☆ どこに行くの？

関連表現 **Where are you off to?** **☆　どこに向かうの？

Where are you going? **☆　どこに行くの？

What is your destination? ***　行き先はどこですか？

head はもともと「頭」の意味。また、コンパスなどの指し示す「方向、方位」を heading と言います。ここから head は「向かう」という意味で使われています。be off to ... は「…に向かって出かける」、destination は「目的地、行き先」。

A: I can't believe you just walked out of class like that!

What's gotten into you?

あんなふうにクラスから出ていくなんて信じられない！

どうしちゃったのよ？

B: I don't know. I'm just feeling really frustrated lately.

さあ。最近なんだかひどくイライラしてて。

A: Did you and your fiancé break up?

婚約者と別れたの？

B: What's it to you?!

あなたには関係ないでしょ！

A: I'll be back in a few hours.

数時間で戻って来るわ。

B: Where are you headed?

どこに行くの？

A: I have some errands to run.

ちょっとお使いがあるのよ。

Who doesn't know that! **○　　　わかってるよ！

関連表現　**Ya think?** *○○　　　当たり前だよ。

No shit. *○○　　　そんなの、わかってるさ。

I know, I know. **○　　　わかってる、わかってる。

わかりきったことを言われたときの表現。ややイライラしたニュアンスです。Who doesn't know that! は「(誰がそれを知らないのさ) そんなことはわかっている」、Ya think? は「(君はそう思うのかい？) そんなこと当たり前だよ」ということ。

You asked for it. **○　　　自業自得だよ。

関連表現　**It's your own fault.** **　　　君自身のせいだよ。

You started it. **○　　　君が始めたことだよね。

You got what you deserve. ***　　　相応の結末だよ。

ask for ... は「…を求める、望む」。You asked for it. は「自分がそれを望んだのだ」→「自業自得だ」という意味になります。fault は「責任、失敗」。deserve は「値する」という意味の動詞。what you deserve で「あなたが値するもの」。

You crack me up. **○　　　爆笑。

関連表現　**You kill me!** *○○　　　笑わせてくれるよ！

You make me laugh. **○　　　超、ウケる〜。

crack はもともと「割る」という意味ですが、crack someone up で「…を爆笑させる」という意味になります。いずれも「爆笑、ウケる、笑える」が直訳ですが、実際には相手の言っていることを鼻で笑っている感じです。

A: If you don't find a job soon, we are going to be broke.

もしすぐに仕事を見つけなければ、お金がなくなるわよ。

B: Who doesn't know that!

そんなこと、わかってるよ！

A: I can't believe they fired me!

会社が僕をクビにしたことが信じられないよ！

B: You asked for it.

自業自得だよ。

A: What do you mean?

どういうことさ？

B: You got drunk and called the boss an idiot at the party.

あなたはパーティーで酔っ払って、上司にバカって言ったのよ。

A: Did you buy a lottery ticket yet?

宝クジはもう買ったの？

B: Nope.

いや。

A: Don't bother. I just bought the winning ticket.

気にしないでいいわ。私が当たりクジを買ったから。

B: You crack me up.

爆笑。

291

You'll get over it. ●●○ そのうち忘れるよ。

関連表現 **It'll be alright.** ●●○ そのうちよくなるよ。
You'll be alright. ●●○ そのうちよくなるよ。
You'll recover. ●●● 君は復活するさ。

get over ... は「…を乗り越える」。You'll get over it. は「(辛いことだけど乗り越えて) そのうち忘れちゃうよ」というニュアンス。recover は「回復する」という意味。

292

You're everything to me. ●●○ 君は僕のすべてだ。

関連表現 **You're my whole life.** ●●○ 君は僕の人生だ。
I really love you. ●●○ 本当に君を愛しているんだよ。

愛している相手にその強い気持ちを伝えるときのフレーズです。everything は「すべて」、whole life は「全人生」という意味。

293

You're playing with fire. ●○○ 危険だよ。

関連表現 **That's a dangerous idea.** ●●○ それは危ないよ。
You're gonna get in trouble! ●●○ 痛い目に遭うよ!
That's not a good idea. ●●● それはよしたほうがいいよ。

play with fire は「火遊びをする」、つまり「危険なことをする」ということ。相手のしようとしていることが危険で賛成できない場合に使うひとことです。gonna は going to の略。get in trouble は「トラブルに遭う」という意味。

A: You haven't seemed like yourself lately. What's wrong?

最近、君らしくないね。どうしたの？

B: I'm depressed because I didn't get the promotion last week.

先週、昇格できなかったから落ち込んでいるの。

A: You'll get over it. There's always next time.

そのうち忘れちゃうよ。いつでも次の機会はあるし。

A: You can't break up with me.

君は僕と別れることはできないよ。

B: Why not?

どうして？

A: You're everything to me.

君は僕のすべてなんだよ。

A: Tom, you've been drinking. You should take a cab instead of driving home.

トム、あなた飲み続けてるわね。運転して帰らないで、タクシーを拾いなさいよ。

B: I've only had a few beers. I'm fine.

ビール数本だから、大丈夫だよ。

A: You're playing with fire.

よしたほうがいいよ。

4 語フレーズ

You've got some nerve! ●○○　　　なんて失礼な！

関連表現　**That's ballsy!** ●○○　　　よくそんなことが言えるな！
　　　　　How rude! ●●○　　　　失礼だよ！

この nerve は「ずうずうしい神経、図太さ」といった意味。「なんて失礼な」
といったニュアンスになるひとことです。ballsy は「厚かましい、勇気の
ある」、rude は「失礼な」という意味。

A: I can't believe you let your boyfriend boss you around like that.

君が彼氏にあんなにいろいろ言わせておくなんて、信じられないよ。

B: **You've got some nerve!** You don't know anything about him.

失礼よ！ 彼のことなんて何も知らないくせに。

Chapter 5

5-Word Phrases
（5語フレーズ編）

295

Are you in or not? **☆

やる？ やらない？

関連表現 **Are you game?** ☆☆☆　乗る？

Are you down? ☆☆☆　君はどう？

What do you say? ☆☆☆　あなたはどう？

be in, be game, be down のいずれも、何かの遊びや予定などについて「やる、乗る、参加する」という意味。I'm in. / I'm game. / I'm down.（やるよ、乗った、参加する）のように、誘いへの返事としても使うことができます。

296

Can I bum a smoke? ☆☆☆

タバコを１本、恵んでよ？

関連表現 **Can I get a smoke?** ☆☆☆　タバコを１本もらえる？

Let me get a cigarette. ☆☆☆　タバコを１本ちょうだい。

Can I borrow a cigarette? ☆☆☆　タバコを１本貸してもらえる？

bum は「路上生活者」ですが、転じて「せがむ、たかる」という意味の動詞としても使われます。Can I bum some money?（ちょっとお金を恵んでくれる？）、Can I bum a lighter?（ライターを貸してもらえる？）のようにも使います。

297

Do I make myself clear? ☆☆☆

わかってるだろうね？

関連表現 **Do you get the picture?** ☆☆☆　わかってるだろうね？

You hear what I'm saying? ☆☆☆　わかってるだろうね？

Am I understood? ☆☆☆　わかりましたか？

自分の言ったことがちゃんとわかったかと相手に念を押す表現です。make oneself clear は「自分の話がはっきりと伝わる」、get the picture は「（話の内容を）理解する」という意味。Is it clear?（わかった？）という言い方もあります。

A: We are going out to a club in Roppongi.

Are you in or not?

六本木のクラブに出かけるんだけど。

君も来る？ それとも来ない？

B: No thanks. I have to get up early tomorrow to play golf.

やめておく。明日ゴルフで早起きだから。

A: Can I bum a smoke?

タバコを１本、恵んでよ？

B: Sorry. I just smoked my last one.

ごめん。最後のを吸っちゃったところなんだ。

A: Thanks anyway.

わかった、ありがとうね。

A: If I catch you drinking again before you are twenty-one, you're going to be in big trouble! Do I make myself clear?

21 歳になる前に酒を飲んでいるのをまた見つけたら、大変なことになるからな！ わかってるだろうな？

B: I won't do it again. I promise.

二度としません。約束します。

298

Don't be such a whimp! ★○○   尻込みしないで！

関連表現 **Don't be such a wuss!** ★○○   情けないなあ！
Don't be such a chicken! ★★○   弱っちいなあ！

whimp/wimp, wuss, chicken はいずれも「弱虫」という意味です。自信の
ないことや新しいことにチャレンジするのを怖がる人に対して使います。
相手に突っ込むときの表現なので、親しい人以外には使わないほうがいい
でしょう。

299

Don't let it bother you. ★★○   忘れちゃいなさいよ。

関連表現 **Get over it.** ★○○   忘れなよ。
Don't sweat it. ★○○   心配するなよ。
Forget about it. ★★○   忘れなさいよ。

let it bother you は「そのことで自分を悩ませる、困らせる」という意味。
get over は「乗り越える、立ち直る」。Get over it. は「気にするなよ、心
配するなよ」。Don't sweat it. は「汗をかくほどのことじゃない」＝「心配
するな」ということ。

300

Don't let the bedbugs bite. ★○○   おやすみ。

関連表現 **Sweet dreams.** ★★○   いい夢をね。
Good night. ★★★   おやすみなさい。
Sleep well. ★★★   ぐっすりおやすみ。

bedbug は「トコジラミ」のこと。Don't let the bedbugs bite (you). は「ト
コジラミに刺されないようにしなさいよ」が直訳ですが、家庭内で家族に
対して「おやすみ」と言う場面で使われます。

A: **How about a shot of vodka?**

ウォッカを 1 ショットどう？

B: **I don't usually drink hard liquor ...**

ふだんは強いお酒は飲まないんだけど…

A: Don't be such a whimp!

尻込みしないで！

A: **I really am embarrassed about what I said at the karaoke bar last night.**

昨夜カラオケバーで言ったことがホントに恥ずかしくて。

B: Don't let it bother you. **You were drunk.**

忘れなさいよ。酔ってたんだから。

A: **Good night, Dad.**

おやすみ、父さん。

B: Don't let the bedbugs bite.

ああ、おやすみ。

301

Don't mind if I do. ★★★   いただきますよ。

関連表現 **I'd love to.** ★★☆   喜んで。

Sure. ★★☆   もちろん。

Thanks, I will. ★★★   ありがとう、いただきます。

Don't mind if I do. の直訳は「そうしても、気になりませんよ」となりますが、実際は「そうさせていただきます、いただきますよ」というニュアンス。飲み物を勧められたときに使う言い方で、I don't mind if I do. を略したもの。ただしアメリカ英語では、通常最初にくる I を省いて表現します。

302

Get a load of this! ★☆☆   聞いてよ！

関連表現 **Check this out!** ★★☆   この話、聞いてよ！

Listen to this! ★★☆   聞いて、聞いて！

You won't believe this! ★★☆   信じられないと思うけどさ！

Get a load of this. は「この重みを受け取れ」が直訳です。相手に何かに注目してもらいたいときに「聞いてよ！ 見てよ！」といった意味で使われるひとこと。このひとことのあとに、相手が驚くようなことを話します。

303

Give it to me straight. ★★☆   率直に言ってください。

関連表現 **Don't sugarcoat it.** ★☆☆   本当のことを言って。

Don't hold back. ★★☆   正直に言ってください。

Tell me the truth. ★★★   真実を教えてください。

straight は「率直に」という意味の副詞。sugarcoat は「糖衣をかける、砂糖をまぶす」が直訳。ここでは「遠回しに言う、遠慮して言う、控えめに言う」という意味。hold back は「控える、ためらう、躊躇する」という意味。

A: **Would you like a drink?**

飲み物はいかが？

B: Don't mind if I do.

いただきますよ。

A: **What would you like?**

何がいいですか？

B: **Do you have any wine?**

ワインはありますか？

A: Get a load of this!

聞いてよ！

B: **What?**

なんだい？

A: **I just heard that Tesla made a bid to buy out our company.**

テスラがうちの会社を買い取るために入札したって聞いたの。

B: **Really!?**

マジ？

A: **What's the prognosis, doc?**

ドクター、病気の今後の見通しはどうなんでしょう？

B: **There's good news and bad news.**

良い知らせと悪い知らせがあります。

A: Give it to me straight.

率直に言ってください。

304

Glad that's not my call. ★★☆　　それはきついね。

関連表現　**That's a tough spot.** ★★☆　　　　　それは難しいね。

That's a difficult situation. ★★★　難しい状況だね。

That's a tough decision. ★★★　　厳しい決断だね。

call は「判断」という意味。Glad that's not my call. で「私の判断でなくてよかった」→「それはきつい（判断だ）ね」ということ。tough spot は「難しい状況」、difficult は「難しい、困難な」、decision は「決断」の意。

305

He got what he deserves. ★★☆　　当然の報いだよ。

関連表現　**That'll teach him.** ★★☆　　　　　　　勉強になるだろう。

Maybe he'll learn his lesson. ★★☆　おそらくこれで懲りるだろう。

get what someone deserves は「…に値するものを受ける」という意味。「自業自得だ」「当然の報いだ」というニュアンスで使います。learn one's lesson は「教訓を学ぶ」、つまり「（今回の件で）懲りる」ということです。

306

He paid through the nose. ★★☆　　かなりぼられたね。

関連表現　**He paid a lot of money.** ★★☆　　かなり払ったね。

They charged him a lot. ★★☆　　かなりふっかけられたね。

pay through the nose は「法外なお金を払う、ぼられる」という意味のフレーズ。pay は「支払う」、charge は「請求する、課す」という意味になる動詞です。

A: I don't know what to do.

どうしたらいいか、わからないんだ。

B: What's the problem?

どうしたの？

A: I have to fire someone, but they are both great workers.

誰かをクビにしなければならないんだけど、二人ともいい社員なんだよ。

B: Glad that's not my call.

それはきついわね。

A: My brother got suspended from school for bullying.

いじめで弟が停学処分を受けたんだ。

B: For how long?

どのくらい？

A: One week.

1週間。

B: He got what he deserves.

当然の報いよ。

A: I can't believe Tom got a new Q-Phone already.

How much do you think that cost him?

トムがもう新しいQ-Phoneを持ってるなんて信じられない。

いくらかかったと思う？

B: He paid through the nose.

かなりぼられただろうね。

He's behind the eight ball. ⁕⁕☆　　ピンチだよ。

関連表現　**He's in a pinch.** ⁕⁕☆　　ピンチだよ。

　　　　　He's in a bind. ⁕⁕☆　　苦しんでるよ。

　　　　　He's in a pickle. ⁕⁕☆　　苦しんでる。

be behind the eight ball は「エイトボールの陰にいる」が直訳ですが、「苦境に立たされている、ピンチだ」という意味で、ビリヤードのゲームから生まれた表現。in a bind は「縛りつけられて→困って」。pickle も、ここでは「ピクルス」ではなく「苦境」の意。

He's gonna go the distance. ⁕⁕　　彼は勝てると思うよ。

関連表現　**He's gonna take it down!** ⁕☆☆　　彼が勝つさ！

　　　　　He's gonna go all the way. ⁕⁕☆　　彼が勝つと思うよ。

　　　　　He's gonna win it all. ⁕⁕⁕　　彼の優勝ですよ。

go the distance は「遠くまで行く」が直訳ですが、マラソンなどのスポーツで「最後まで行く」＝「勝利する」という意味。go all the way も同様です。take down は「やっつける、倒す」から転じて「勝利する」という意味で使われています。

He's out of the woods. ⁕☆☆　　ピンチは脱したよ。

関連表現　**He's out of trouble.** ⁕⁕☆　　困難は脱したよ。

　　　　　He's through the worst part. ⁕⁕☆　　最悪の状態は脱したよ。

　　　　　He should be okay. ⁕⁕☆　　彼は、まず大丈夫だよ。

out of the woods は「森を抜けて」が直訳で、「危険・危機・ピンチを脱した」ことを表し、病気や経済的な危機など、様々な場面で使える表現です。trouble は「困難」、worst part は「最悪の状態」という意味。

A: **How is Matsuyama doing in the tournament?**

松山のトーナメントはどうなってるの？

B: He's behind the eight ball. **He's down by three with two holes to go.**

ピンチだね。あと 2 ホール残して、3 打差で負けてる。

A: **What do you think about Matsuyama's chances at the Masters?**

松山がマスターズで勝つチャンスはどうだと思う？

B: He's gonna go the distance.

彼は勝つと思うよ。

A: **I heard Mike had to have surgery. How is he doing?**

マイクが手術しなければならなかったって聞いたけど、
彼どうしてる？

B: He's out of the woods. **They say he can go home in a couple of days.**

ピンチは脱したわ。数日で帰宅できるそうよ。

310

He's wet behind the ears. ★☆☆　　まだ新米なんだ。

関連表現　**He's young.** ★★☆　　まだ青いね。

He's new. ★★☆　　まだ新米なんだよ。

He's inexperienced. ★★★　　経験がないんだよね。

wet behind the ears は「耳の後ろが濡れている」が直訳。語源は諸説ありますが、「新米の、未熟な」という意味になるフレーズです。inexperienced は「経験のない、未熟な」という意味。

311

He threw in the towel. ★☆☆　　彼はあきらめたよ。

関連表現　**He gave up.** ★☆☆　　彼はあきらめちゃったよ。

He quit. ★★☆　　彼はやめちゃったよ。

throw in the towel は「（お手上げになって）何かをあきらめる」という意味。ボクシングのセコンドが試合をあきらめたときに、タオルをリングに投げ込むことから生まれた表現。give up は「あきらめる」、quit は「やめる」。

312

He went above and beyond. ★★☆　　想像を超えてたわ。

関連表現　**He went over the top.** ★★☆　　超最高のことをしてくれたよ。

He did more than necessary. ★★★

必要以上にすごいことをしてくれた。

go above and beyond は「想像をはるかに超えたことをする」という意味。go over the top も同様のニュアンスで「最高以上のことをする」という意味のフレーズです。more than necessary は「必要以上に多くのこと」。

234

A: **How's that new kid you hired doing?**

新しく雇った子はどうしてるの？

B: He's wet behind the ears. **But I think he'll learn fast.**

まだ新米でさ。でも仕事を覚えるのは早いと思うよ。

A: **How is Jim doing with his new business?**

ジムの新しい仕事はうまくいってるの？

B: He threw in the towel. **He shut it down after only two months because he couldn't make a profit.**

あきらめたよ。利益が出なかったから、2カ月で事業をやめたんだ。

A: **What did your husband get you for your birthday?**

誕生日にダンナさんは何をくれたの？

B: He went above and beyond. **He bought me a pair of diamond earrings AND booked us a trip to the Bahamas!**

想像以上のものよ。ダイアのイヤリングをくれて、バハマ旅行も予約してくれたの！

5語フレーズ

313

I can't take it anymore! **◌ もう耐えられないよ。

関連表現 **I'm fed up!** *◌◌ もう飽き飽きだ！

I've had it up to here! **◌ もう限界だよ！

I'm sick of this! **◌ もう、ウンザリ！

can't take it anymore は「これ以上受け入れられない」→「耐えられない」。fed up は「十分にエサを与えられた」、have it up to here は「もう、ここ（首や頭の上など）まで受け入れた」が直訳で、そのジェスチャーつきで言うのが普通です。

314

I could eat a horse! * 腹ペコだ！

関連表現 **I'm starved!** **◌ おなか空いて死にそう！

I'm famished! **◌ 餓死しそう！

I'm really hungry. *** ものすごくおなか空いた。

horse（馬）は西部開拓時代の移動手段として大事なものでしたが、それを食べることができるほどおなかが空いていることを表したのが、I could eat a horse. です。starved, famished は「腹ペコの、餓死しそうな」という意味の形容詞。

315

I didn't see that coming. **◌ 予想してなかったよ。

関連表現 **That was a surprise.** **◌ 驚いたね。

I didn't expect that. *** 予想してなかったね。

That was unexpected. *** 予想してなかったことだね。

予想外のことが起きたときに驚いて言うひとこと。I didn't see that coming. は「それがやってくるとは思わなかった」→「それを予想していなかった」という意味。expect は「予想する」、unexpected は「予期しない、不意の」。

A: This is the third weekend in a row I've had to work.
I can't take it anymore!
これで3週連続、週末出勤だよ。もう耐えられないよ！

B: Do you get paid overtime?
残業代はもらってるの？

A: No. That's the problem!
いいや。それが問題なのさ！

A: Are you hungry?
おなか空いたの？

B: I could eat a horse!
腹ペコだよ！

A: Well, dinner will be ready soon.
そう、もうすぐ夕食ができるわよ。

A: It was great that Lisa came to the reunion.
同窓会にリサが来てくれてよかったよ。

B: I didn't see that coming. She's been living in London since we graduated.
予想してなかったね。卒業以来、ずっと彼女はロンドン暮らしだし。

316

I haven't got all day! ★★☆　　いつまで待たせるの！

関連表現　**I can't wait forever!** ★★☆　いつまでも待ってられないよ！
　　　　　Hurry up! ★★★　　　　　急いでよ！

いつまでもグズグズしている相手に対して「いつまで待たせるの？」「早くしてくれよ」と急かすときに使う表現。haven't got all day は「一日中はもっていない」→「一日中待つことはできない」。wait forever は「永遠に待つ」、hurry up は「急ぐ」。

317

I'll be right with you. ★★☆　　すぐに行きます。

関連表現　**I'll be with you shortly.** ★★☆　　すぐ参ります。
　　　　　I'll be right there. ★★☆　　　　すぐに参ります。
　　　　　Wait just a minute please. ★★☆　少々お待ちください。

相手を待たせる場面で、店員などがよく使うひとことです。be with you は「あなたのところへ行く」という意味。be right there は「すぐにそちらへ行く」。

318

I'll get back to you. ★☆☆　　あとで連絡するよ。

関連表現　**I'll let you know.** ★★☆　　　　あとで知らせるよ。
　　　　　I'll contact you soon. ★★☆　　すぐに連絡するよ。
　　　　　I'll give you an answer. ★★★　あとでお返事します。

get back to someone は「折り返し返事をする、連絡する」。折り返しの手段が電話なのかメールなのかは、ここでは不明です。let someone know は「…に知らせる」、contact は「コンタクトを取る、連絡する」という意味。

A: **Are you ready to go to lunch?**

昼食に出かける準備はできた？

B: **I need a few more minutes.**

もうちょっと待って。

A: I haven't got all day!

いつまで待たせるのさ！

A: **Can you help me? I'd like to try on this suit.**

すみません。このスーツを試着したいんですが。

B: I'll be right with you.

すぐに参ります。

A: **Thank you.**

ありがとう。

A: **I submitted my vacation request last week, but I haven't heard from you.**

先週、休暇届を提出しましたが、まだ返事をもらってません。

B: I'll get back to you. **I need to look over the schedule.**

あとで連絡するよ。スケジュールをチェックしてみないと。

319

I'll get right on it. ★★☆ 　　　直ちにやります。

関連表現 **I'll start right away.** ★★★ 　　すぐ始めます。

I'll begin very soon. ★★★ 　　すぐに始めます。

get on は「着手する、始める」。I'll get right on it. は「直ちに始めます」というニュアンス。Get on it! と命令文にすると「早くやりなさい！」という意味になります。right away, very soon は「直ちに、すぐに」。

320

I'll take a rain check. ★★☆ 　　　また今度にする。

関連表現 **Maybe next time.** ★★☆ 　　たぶん、また今度ね。

Some other time. ★★☆ 　　またほかのときにね。

Not this time. ★★☆ 　　今回はやめておくよ。

rain check は「雨天順延券」の意味で、雨でゴルフができないときや、セール品が品切れになったときなどに、別の日でもできることを保証するためのチケット。take a rain check は「雨天順延券を受け取る」、つまり「次の機会にする」という意味です。

321

I'll take care of it. ★★☆ 　　　任せてください。

関連表現 **I'll handle it.** ★★☆ 　　任せてよ。

I'll deal with it. ★★☆ 　　任せて。

Leave it to me. ★★☆ 　　任せてよ。

いずれの表現も「任せて、任せなさい、なんとかするから大丈夫」と請け合うニュアンス。take care of ... は「…の面倒をみる」、handle ... と deal with ... は「…に対処する」。leave A to B は「A を B に任せる、残しておく」という意味。

A: I need you to make me some graphs for the presentation
I have to give. I need them by 4:00 p.m.
私が行うプレゼン用のグラフを作ってもらいたいの。午後 4 時
までに必要なのよ。

B: I'll get right on it.
すぐにやります。

A: Some of us guys from the office are thinking about going
to karaoke tonight. What do you say?
職場の何人かで今夜カラオケに行くんだけど。あなたはどう？

B: I'll take a rain check.
また今度にするよ。

A: I'm in apartment 205 and my sink is backed up.
205 号室ですが、シンクが詰まってるんです。

B: I'll take care of it.
任せてください。

A: Can you do it today?
今日やってもらえますか？

B: That should be no problem.
問題ありませんよ。

322

I'm bored outta my mind! ●●○　　死ぬほど暇なんだよ!

関連表現 **I'm bored to tears!** ●●○　　涙が出るほど退屈!

I'm bored to death! ●●○　　死ぬほど退屈なんだ!

I'm bored silly! ●●○　　退屈でボーッとしてるよ!

bored は「退屈な、暇な」。outta my mind は「頭が変になるほど」、to tears は「涙が出るほど」という強調のフレーズです。be bored silly は「退屈してバカみたいになっている、ボーッとしている」という意味。

323

I'm fit as a fiddle. ●○○　　絶好調だよ。

関連表現 **I'm right as rain.** ●●○　　最高に元気。

I've never been better. ●●●　　今までにないほど元気だよ。

fit as a fiddle は「バイオリンのように健康」が直訳。「最高に調子がいい、好調だ」という意味の慣用句です。right as rain は「雨のように正しい」が直訳ですが、これも「最高に元気だ、すっかり回復して」という意味。have never been better は「これまでに今以上によかったことはない＝最高」ということ。

324

I'm in over my head. ●○○　　到底無理。

関連表現 **I'm not prepared.** ●●○　　僕にはまだ無理だよ。

I can't deal with it. ●●○　　僕にはできないよ。

It is way too complicated (for me). ●●●　　僕には難しすぎて。

be in over one's head は、もとは be in water over one's head（頭の上まで水に浸かって）という形でした。be in over one's head は「自分の能力を超えている、自分ではコントロールできない」という意味。not prepared は「準備ができていない、まだ能力が足りない」。

A: Hi Jack. What are you doing?

もしもし、ジャック。何してるの？

B: Nothing. I'm bored outta my mind!

特に。死ぬほど暇なんだよ！

A: Do you want to go out for a drink or two?

ちょっと飲みに行く？

B: Absolutely!

もちろん！

A: I heard you were out sick last week. How do you feel?

先週は病欠してたって聞いたけど、気分はどう？

B: I'm fit as a fiddle. I was pretty sick though.

絶好調だよ。ひどかったけどね。

A: I'm glad you're feeling better.

よくなってよかったね。

A: How do you like being the new department manager?

新たに部長になった気分はどう？

B: I'm in over my head.

僕には到底無理だよ。

A: You'll learn the ropes.

そのうち慣れるわよ。

325

I'm not in his league. ●●○　　　彼には全然かなわないよ。

関連表現　**I'm not in his class.** ●●○　　　彼はレベルが違うよ。

　　　　I can't compete with him. ●●○　　彼とは競えないよ。

league はスポーツの「リーグ」。not in someone's league では「…のリーグにいない」、要するに「…にはまったく太刀打ちできない、全然かなわない」という意味です。not in someone's class は「…の階級にいない」が直訳。

326

I'm tied up right now. ●●○　　　今ちょうど忙しくて。

関連表現　**I don't have time now.** ●●○　　　今は時間がないんです。

　　　　I'm busy at the moment. ●●●　　今忙しいんです。

　　　　I'm preoccupied right now. ●●●　今ほかの用件で手一杯で。

be tied up は「縛られている」が直訳。「忙しくて、手が空いていない」という意味で使います。preoccupied は「すでに占有されている、すでに使われている」という意味。

327

It would be my pleasure. ●●●　　　喜んで。

関連表現　**I'd be happy to.** ●●○　　　喜んで。

　　　　I'd be honored to. ●●●　　喜んで。

何かを頼まれたときに「喜んで（そうしますよ）」と快く引き受ける返事です。pleasure は「喜び」、be honored to ... は「…することを誇りに思う」という意味です。

A: You've played tennis with Jim, right?

ジムと一緒にテニスをしたんでしょ？

B: Yes. Why?

うん。どうして？

A: Are you as good as he is?

彼と同じくらいの腕前だった？

B: I'm not in his league.

僕は彼の相手にはならないよ。

A: Do you have a minute to talk?

少し話す時間がありますか？

B: I'm tied up right now. Can I call you back in about an hour?

今は忙しくて。約１時間後にかけ直させてもらえますか？

A: Sure. Talk to you then.

いいですよ。ではそのときに。

A: Would you mind giving me a ride to the train station?

駅まで乗せて行ってもらえませんか？

B: It would be my pleasure.

喜んで。

328

I've been down that road. ★☆☆ 私も同じだったよ。

関連表現 **I've been there too.** ★★☆ 私も同じ経験がある。

I can relate. ★★★ 気持ちはわかりますよ。

have been down that road は「その道を通ってきた」が直訳。相手と同じ経験をしたことがあり、辛い気持ちを分かち合うニュアンスのひとこと。I've been there too. は「私もそこに行ったことがある」→「同じ経験がある」。relate は「共感する」。

329

I've gotta catch some z's. ★★☆ ちょっと眠らないと。

関連表現 **I've gotta hit the hay.** ★★☆ 寝ないとダメ。

I've gotta hit the sack. ★★☆ 寝ないとダメだ。

I've gotta go to bed. ★★★ 眠らないとダメなんだ。

z's（ズィーズ）はアメコミなどに登場する ZZZZZ という睡眠を表現する文字のことで「睡眠、眠ること」という意味です。hay は「干し草」、sack は「寝袋」で、いずれも西部開拓時代にベッド代わりに使われたものです。

330

Let me mull it over. ★★☆ よく考えさせて。

関連表現 **Let me chew on it.** ★☆☆ じっくり考えさせて。

Let me think on it. ★★☆ 考えさせてよ。

Let me think about it. ★★☆ 考えさせて。

mull over は「熟考する」。chew は「チューインガム」の chew で「噛む」という意味。Let me chew on it. は「それをよく噛ませて」→「しっかり考えさせて」ということ。何度も食べ物を反芻する牛を思い浮かべるとよくわかります。

A: I'm really frustrated. I don't like my job but I'm afraid to try and switch careers this late in life.

ホント、イライラする。仕事がイヤなのに、人生のこんな遅い時期に職を変えるのが恐いんだよ。

B: I've been down that road.

私も同じだったわ。

A: We're about to go out and catch a late movie. Do you want to come?

そろそろ出かけて、映画のレイトショーを観るんだけど。一緒に来るかい？

B: Maybe next time. I've gotta catch some z's. I have an early day tomorrow.

また今度ね。ちょっと眠らないと。明日が早いのよ。

A: I'll give you $6,000 cash right now for your car. You said you wanted to sell it.

即金で 6,000 ドルを出すよ。車を売りたいって言ってたよね？

B: Let me mull it over. I'm still not 100% sure I want to let it go.

よく考えさせて。手放したいかどうか、まだ 100％確信がもてなくて。

331 Let me sleep on it. ★☆☆　　　よく考えさせてください。

関連表現　**Let me think it over.** ★★☆　　ゆっくり考えさせてください。
　　　　　I'll consider it. ★★★　　　　よく考えてみます。

sleep on it は「その上で眠る」が直訳ですが「（それについて）よく考える、熟考する」という意味で使われています。think it over, consider も同様に「熟考する」という意味。

332 Let's call it a day. ★☆☆　　　今日はここまでにしよう。

関連表現　**Let's quit for today.** ★★☆　　　　今日はやめにしよう。
　　　　　Let's stop working. ★★☆　　　　　仕事は終わりにしよう。
　　　　　That's enough work for today. ★★★　今日の仕事はこの辺でいいね。

call it a day は「それを一日と呼ぶ」が直訳ですが、「今日の作業はこれで終わりにしよう（続きはまた明日）」というニュアンスで使われます。仕事に限らず、酒宴のお開きなどに使っても OK。疑問文の Why don't we call it a day? も使えます。

333 Let's get the ball rolling. ★☆☆　　　さあ、始めよう。

関連表現　**Let's roll.** ★☆☆　　　　　　さあ、やろう。
　　　　　Let's get started. ★★☆　　　さあ、始めよう。
　　　　　Let's begin. ★★☆　　　　　　始めよう。

roll は「転がす」がもとの意味。「ボールを転がそう」から転じて、「さあ始めよう」という意味になったものです。Let's roll. は車の車輪を回転させるイメージです。

A: We really want you to come and work for our company.
We're willing to double your current pay.

君にはぜひうちに来て働いてほしいんだ。給料は今の２倍に
するよ。

B: Let me sleep on it. I'll give you a call in a day or two.

よく考えさせてください。１日か２日でお電話します。

A: We've been going at it for ten hours straight now.

もう 10 時間連続でやってるね。

B: Let's call it a day.

今日はここまでにしよう。

A: Same time tomorrow?

明日も同じ時間？

B: Sure.

もちろん。

A: We have a lot of work to do in a very short time.

とても短い時間で多くの仕事をしなければならないね。

B: Let's get the ball rolling.

さあ、始めよう。

Let's play it by ear. ★☆☆ 様子を見て決めようよ。

関連表現 **Let's wait and see.** ★★☆ 様子を見ようよ。

Let's see what happens. ★★☆ 様子を見ようよ。

Let's decide later. ★★★ あとで決めましょう。

play it by ear は「それを譜面なしで演奏する」がもとの意味。転じて「状況に応じて臨機応変にやる」という意味で使われるようになったもの。wait and see は「待って様子を見る」という意味。

My mind is made up. ★★☆ 心は決まってるんだ。

関連表現 **I've made up my mind.** ★★☆ 決断したんだ。

I've made my decision. ★★★ 決断したんです。

I've decided what to do. ★★★ どうすべきか決めたんです。

make up one's mind で「決断する」という意味。その受動態を使ったのが My mind is made up. です。decision は「決断、決定」という意味で、動詞 decide「決断する、心を決める」の名詞形です。

No ifs, ands or buts! ★☆☆ 言われた通りにしなさい！

関連表現 **No excuses!** ★★☆ 言い訳はいらないから！

Do as you're told! ★★☆ 言われた通りにやりなさい！

That's my decision! ★★★ それが私の決定だから！

No ifs, ands or buts. は「もしもとか、それにとか、だけどとかは不要だ」が直訳。「（言い訳などはいらないから）言われた通りにしなさい」という意味のフレーズです。excuse は「言い訳、弁解、口実」。

A: Are we still going hiking this weekend?
The weather report is forecasting rain.

今週末はやっぱりハイキングに行くつもりなの？

天気予報では雨だって。

B: I saw that too. Let's play it by ear.

僕も見たよ。様子を見て決めよう。

A: Are you sure you're making the right decision?

正しい決断をしてる自信はあるの？

B: My mind is made up. I'm putting in my two-weeks'
notice tomorrow.

心は決まってるんだ。明日には退職届を出すつもりさ。

A: You can't go out with your friends until you finish all of
your homework!

宿題が全部終わるまでは友達と出かけてはダメよ！

B: But ...

でも…

A: No ifs, ands or buts!

言われた通りにしなさい！

Not in a million years! ★★☆　　絶対にあり得ないよ！

関連表現 **Not in this lifetime!** ★☆☆　　死ぬまでやらない！

Not on your life! ★☆☆　　絶対にやらない！

I would never do that! ★★★　　何があってもやりません！

Not in a million years. は「百万年の年月が流れてもやらない」、Not in this lifetime. は「この一生を費やしてもやらない」、Not on your life. は「君の命がかかっていてもやらない」ということ。いずれも「絶対にやらない」と断言する言葉です。

Run that by me again. ★☆☆　　もう一度、言って。

関連表現 **Say that again.** ★★☆　　もう一度言って。

Say that one more time. ★★☆　　もう一回言って。

Could you repeat that? ★★★　　繰り返してもらえる？

相手の言葉が聞き取れず、再度言ってもらうときのひとこと。run はここでは「走る」ではなく「言う、伝える」という意味で、run that by me は「私にそれを言う」。again, one more time は「もう一度」、repeat は「繰り返す」。

She's come a long way. ★★☆　　だいぶ上達したね。

関連表現 **She's come very far.** ★★☆　　とてもうまくなったね。

She's gotten much better. ★★☆　　ずっとよくなったね。

She's improved a lot. ★★★　　かなりうまくなったね。

has come a long way は「遠い距離をやって来た」→「だいぶ上達した」、has come very far も「かなり遠くまで来た」→「かなりうまくなった」ということ。much better は「ずっと上手な」、improve は「改善する」。

A: I just went skydiving this weekend. You should try it.

この週末はスカイダイビングに行ったの。あなたもやってみる
べきよ。

B: **Not in a million years!** I don't even like planes.
I'm not jumping out of one.

絶対にあり得ないよ！ 飛行機だってキライなんだから。
そこから飛び降りるなんて絶対にしないね。

A: I was wondering if ... and then ...

…かなあと思って…で、それから…

B: **Run that by me again.**

もう一度、言ってもらえる？

A: I said I was wondering if you wanted to go to dinner and
then catch a movie.

ディナーに行って、それから映画でも観たくないかなと思って
るんだけど、って言ったんだよ。

A: What's your opinion of Beth?

ベスのことはどう思う？

B: **She's come a long way.** It's hard to believe she's only
been playing tennis for two years.

彼女、だいぶ上達したね。たった 2 年しかテニスをやってない
なんて、信じられないよ。

340

Take it or leave it. ✦✦☆　　受けるか、あるいはやめるかです。

関連表現　**Make up your mind.** ✦✦☆　心を決めてください。

　　　　　That's my final offer. ✦✦✦　それが最終オファーですから。

　　　　　It's on you to decide. ✦✦✦　決めるのはあなたですよ。

ビジネスなどで最終的な条件を提示したあと、まだ決断を下さない相手に対して使うひとこと。take は「取る」、leave は「そのまま置いておく、残す」がもとの意味。make up one's mind は「決断する」、final offer は「最終のオファー・申し出」。

341

Take my word for it. ✦✦☆　　信頼してよ。間違いないから。

関連表現　**Trust me, it's true.** ✦✦☆　信じてよ。ホントだから。

　　　　　Believe me. ✦✦☆　　　　信じてよ。

　　　　　I promise you. ✦✦☆　　　保証するよ。

take someone's word for it で「それについて…の言うことを信じる、信頼する」という意味になります。trust は「信頼する」、believe は「信じる」、promise は「請け合う、断言する、約束する」。

342

That makes two of us. ✦✦☆　　私も同じだよ。

関連表現　**I'm in the same boat.** ✦☆☆　私も同じ状態。

　　　　　Me too. ✦✦☆　　　　　　私も。

　　　　　I'm right with you. ✦✦☆　ちょうど同じだよ。

That makes two of us. の直訳は「それで私たちふたりになる」。相手の言葉を受けて、自分も同じ状況だと伝える表現です。be in the same boat は「同じ船に乗っている」が直訳ですが、これも共感のフレーズ。

A: **Did you make a decision on our proposal?**

こちらの提案について結論は出ましたか？

B: **I think you should sweeten your offer.**

もう少し色をつけてもらいたいんですが。

A: Take it or leave it.

受けるか、あるいは受けないか決断してください。

A: **The economy is going to get worse before it gets better.**

経済は回復する前に、さらに悪くなるよ。

B: **How do you know?**

どうしてわかるの？

A: Take my word for it.

僕を信頼してよ。

A: **I wish I hadn't bought my house when I did. The value has dropped 20% in the last two years.**

あのとき家を買わなければなあ。この 2 年で値打ちが 20％も下落したんだよ。

B: That makes two of us.

私もよ。

343

That sounds like a plan. ★★☆　　　いいね。いい考えだね。

関連表現　**That's a good idea.** ★★☆　　いいアイデアだよ。

That sounds fun. ★★☆　　　　楽しそうだね。いいね。

Let's do that. ★★★　　　　　　そうしようよ。

plan は「計画」ですが、That sounds like a plan. は、相手の提案に賛成するときに「いいね」と呼応する表現です。sound fun は「楽しそうだ」。Let's do that. は「それをやろう」が直訳。

344

That's out of the question. ★★☆　　それは無理だ。ダメだ。

関連表現　**That's not possible.** ★★☆　　それは不可能だよ。

I won't allow that. ★★☆　　それは認められないよ。

Definitely not. ★★☆　　　　　絶対にダメ。

強い口調で「ダメだ」と相手を牽制する表現。out of the question は「問題外」、つまり「無理」という意味。allow は「許す、許可する」。definitely は否定文では「絶対、決して」という意味になります。

345

That's par for the course. ★★☆　　　　それは普通だよ。

関連表現　**That's typical.** ★★☆　　　通常だね。

That's the way it goes. ★★☆　　それで普通だよ。

You can't help that. ★★★　　それは仕方ないですよ。

par for the course は「そのコースとしてはパーだ」。par はゴルフの「イーヴンパー」のことで、「よくも悪くもない、普通だ、通常だ」という意味合いです。typical は「一般の、通常の」、can't help ... は「…せざるを得ない、…は仕方ない」。

A: I thought maybe we could have lunch at the park this weekend.

今週末は公園でお昼を食べてもいいかなと思ってたんだけど。

B: **That sounds like a plan.**

それ、いいね。

A: Okay. Why don't we meet around noon?

了解。お昼頃に集まろうよ。

A: Hey doc. I'm feeling much better. Do you think I can go back to work?

ドクター、私はもうずいぶんいいんだけど、仕事に戻ってもいいですか？

B: **That's out of the question.** You need at least another week of rest.

それはダメだ。あと1週間は休まないと。

A: I took my car to the dealership for an oil change and ended up spending $400.

オイル交換に自動車を販売代理店に持って行って、結局 400 ドルも使ったわ。

B: **That's par for the course.**

それは普通だよ。

5語フレーズ

That was a close call! **○　　危なかった！

関連表現　**That was really close!** **○　　ホント危なかった！

That was scary! **○　　怖かった！

close call はもともと「(スポーツの審判の) 微妙な判定、ギリギリの判定」という意味。そこから転じて「ギリギリの状態、危険な状態、危機一髪の状態」を表すようになりました。scary は「恐ろしい、怖い」。

That will be the day. **○　　あり得ないよ。

関連表現　**No way in hell.** *○○　　絶対にないよ。

That will never happen. ***　　絶対にあり得ませんね。

「絶対にあり得ない」「そんなことには決してならない」と言いたい場面で使います。That will be the day I die.（それが実現するのは、僕が死ぬ日だよ）などが短くなったもの。no way も「あり得ない」という意味で、in hell は強調です。

There's nothing I can do. ***　　私にできることはない。

関連表現　**It's out of my hands.** **○　　私の力を超えている。

I wish I could. **○　　そうできたらね（でも、できない）。

頼りにしてくれている相手に対して、「自分は何もできない、役に立てない」と自分の力不足を告げる表現。out of one's hands は「自分の協力できる範囲を超えている」というニュアンス。

A: **That car almost hit us!**

あの車、もうちょっとで私たちを轢くところだった！

B: **Yeah. That was a close call!**

うん、危なかったよ！

A: **Did you hear that James says he's going to quit smoking?**

ジェームズがタバコをやめるって言ってるのを聞いた？

B: **That will be the day.**

あり得ないよ。

A: **My manager is probably going to fire me for being late again. Will you talk to him?**

今度遅刻したら、おそらくマネージャーにクビにされると思うんだ。彼と話をしてくれないかな？

B: **There's nothing I can do.**

私にできることはないわ。

They're made for each other. **●○ 相性ぴったりだよ。

関連表現 **They make a good couple.** **●○ いいカップルだよ。

They've got good chemistry. **●○ 気が合ってるよね。

They suit each other. *** ぴったりですよ。

be made for each other は「互いのために作られている」が直訳で、「相性がぴったりだ」の意味。chemistry は「化学（の結合作用）」で、人間同士の相性を表す語としても使われます。suit は「適合する、ぴったりくる」。

This isn't my first rodeo. *○○ 経験豊富だからね。

関連表現 **I wasn't born yesterday.** *○○ ちゃんと経験があるし。

I know what I'm doing. **○○ ちゃんと心得があるからね。

I've done this before. **●○ 経験があるしね。

This isn't my first rodeo. は「これは私の最初のロデオではない」が直訳。「ロデオは難しいけど、何度もやってるからちゃんとできるよ」、つまり「経験豊富だからね」というニュアンス。I know what I'm doing. は「やるべきことは心得ている」ということ。

This is the real McCoy. **○ これは本物だよ。

関連表現 **This is the real thing.** **●○ 本物さ。

This is the real deal. **●○ これは本物だよ。

This is the genuine article. **●○ 本物の品だよ。

This is the real McCoy. は「これは本物のマッコイだ」が直訳。McCoyを英国のウイスキーの銘柄名とする説がありますが、詳細は不明。real McCoy, real thing, real deal, genuine article のいずれも、ここでは「本物」という意味。

A: What do you think about Bobby and Ann hooking up?

ボビーとアンが付き合ってるの、どう思う？

B: They're made for each other.

ぴったりだと思う。

A: I'm really impressed at the way you negotiated with that salesman.

あのセールスマンを相手にした君の交渉力には驚いたよ。

B: This isn't my first rodeo.

私は経験豊富だから。

A: Is that a real Rolex you're wearing?!

あなたがしているの、本物のロレックス？

B: Yep. This is the real McCoy.

うん、これは本物さ。

A: It's beautiful. It must have cost you an arm and a leg.

きれいね。ものすごい大金がかかったでしょう。

352

Time to hit the road. ★☆☆ もう帰らなきゃ。

関連表現 **I've got to be going.** ★★☆ そろそろ行かないと。

I need to get going. ★★☆ そろそろ行かなきゃ。

Time for me to leave. ★★★ そろそろ帰らないと。

hit はここでは「打つ」ではなく「始める」という意味。hit the road（帰宅を始める）、hit the bed（床に就く）、hit the books（勉強を始める）などのように使います。have got to ... や need to ... は「…しなければならない」。be/get going は「帰り始める」。

353

We'll come up with something. ★★☆ なんとかなるよ。

関連表現 **We can work it out.** ★☆☆ なんとかなるよ。

We'll figure something out. ★★☆ なんとか考えましょう。

We'll think of something. ★★☆ 何か思いつくって。

いずれも「一緒に協力してアイデアなどを出せば、なんとかうまくいくよ」というニュアンス。come up with ..., figure out ..., think of ... は「…を考えつく」。work out は「解決する」。It'll work out.（なんとかなるよ）という言い方もできます。

354

We're on the same page. ★☆☆ 同じ考えだよ。

関連表現 **We see eye to eye.** ★★☆ 同じ考えだね。

I'm with you 100%. ★★☆ 100％同じ考えだよ。

I totally agree with you. ★★★ 完全に同じ意見だよ。

be on the same page は「同じページにいる」が直訳。「理解を共有している、意見が一致している」という意味で使います。see eye to eye は「目を見合わせている」、つまり「意見が一致している」ということ。

A: **Time to hit the road.**

そろそろ帰る時間だわ。

B: Really? Can't you stay just a little bit longer?

そうなの？ もうちょっといてくれない？

A: I'd love to but I can't.

そうしたいけど、ダメなのよ。

A: I am really worried about how we are going to pay for our annual family vacation this year.

今年は、例年の家族旅行の費用をどうやって工面しようか悩んでいるんだ。

B: **We'll come up with something.** Don't worry about it.

なんとかなるわよ。心配ないって。

A: I think we need to start looking for a house to buy.

購入する家を探し始めなきゃね。

B: **We're on the same page.** I'm just not sure now is the time.

同じ考えだよ。今がいちばんいい時期なのかはちょっと迷ってるけど。

355

What are you up to? **□　　何してる？

関連表現　**What are you doing?** **□　　どうしてる？

Are you busy? **□　　忙しくしてる？

up to ... は「…に手をつけて」という意味。What are you up to? は「何を
してる？」「どうしてる？」ということ。「特に何もやっていない」「あま
り忙しくない」という場合は、Nothing much.（相変わらず）や Not much.
（特にそれほど）のように返事をします。

356

What gives you that idea? **□　　なんでそう思うの？

関連表現　**What gave you that idea?** **□　　なんでそう思ったの？

What makes you think that? **□　　なんでそう思うの？

直訳は「何が君にその考えを与えるのか？」。相手の言っていることが当
たっているときにも、はずれているときにも使えますが、どちらかと言え
ば相手が勘違いしている場合によく使います。

357

What's in it for me? **□　　何かこちらのメリットはあるの？

関連表現　**What's my end?** *□□　　何かもらえるの？

What do I get? **□　　何がもらえるの？

Why should I? **□　　なんで私？

What's in it for me? は「私のために、中に何が含まれているの？」が直訳。
何かをやってあげるときの見返りをたずねる表現です。my end は「私の
側」。

A: **Tim here.**

はい、ティムです。

B: **Tim ... it's Kristy. What are you up to?**

ティム、クリスティーよ。何してるの？

A: **Nothing much. What's up?**

特に。どうかしたの？

A: **Is it true that you are dating the office secretary?**

事務所の秘書と付き合ってるってホント？

B: **What gives you that idea?**

どうしてそう思うの？

A: **I've seen the way you look at her.**

あなたが彼女を見る様子を見てて、そう思うのよ。

A: **Will you work for me at the restaurant this Sunday?**

今度の日曜日、レストランで働いてもらえないかな？

B: **What's in it for me?**

何か私のメリットはあるの？

A: **I'll give you fifty bucks.**

50ドル出すよ。

5語フレーズ

What's it going to be? ●●☐　　どうするつもり？

関連表現　**And the survey said?** ●☆☆　　で、結果は？

What are you gonna do? ●●☐　　どうするの？

What's your decision? ●●●　　どういう結論になったの？

What's it going to be? は「それはどういうことになるの？」が直訳。相手に「どうするつもりなの？」と決断や意向をたずねるときに使います。And the survey said?（で、調査の結果は？）は "Family Feud" という人気クイズ番組から流行した表現。

What's that supposed to mean? ●●☐　どういう意味なの？

関連表現　**What do you mean by that?** ●●☐　　どういう意味？

What are you saying? ●●☐　　何が言いたいの？

Don't mince words. ●●☐　　はっきり言ってよ。

「どういうこと？」「何が言いたいの？」と相手の意見を引き出すときのひとこと。be supposed to mean ... は「…ということを意味すると想定されている」、mince words は「はっきり言わない」。Don't mince words. で「はっきり言ってよ」となります。

Whenever is good for you. ●●☐　君の都合のいいときに。

関連表現　**Whenever you want.** ●●☐　　君の好きなときに。

You tell me when. ●●☐　　君が決めていいよ。

Whenever is convenient. ●●●　　いつでも君の都合のいいときに。

Whenever is good for you. は「君に都合のいい時間ならいつでも」、つまり「いつでもいいよ」。Whenever you want. は Whenever you like. でも OK。You tell me when. は「君が私にいつかを言ってくれ→君が決めていいよ」ということ。

A: **You said you were thinking about studying abroad.**

留学を考えてるって言ってたよね。

B: **Yeah. I have a choice between London and New York.**

うん。ロンドンとニューヨークのどちらかを選ぶの。

A: **What's it going to be?**

どうするつもり？

A: **How do you like my new haircut?**

新しい髪型どう思う？

B: **It's different.**

変わったね。

A: **What's that supposed to mean?**

それってどういう意味なのよ？

A: **When do you want to meet for dinner tonight?**

今夜のディナーは何時に会うことにしたい？

B: **Whenever is good for you.**

君のいいときでいいよ。

A: **How about seven-thirty?**

7時半はどう？

B: **See you then.**

じゃあ、そのときに。

You can count on me. ★★☆

信頼してください。

関連表現 **You can rely on me.** ★★☆　　　頼りにしてください。
You can trust me. ★★☆　　　　信じてください。
I won't let you down. ★★☆　　がっかりはさせません。

いずれも「任せてください、頼りにしてください」と相手を安心させるひとことです。count on ... は「…を頼りにする、信頼する」、rely on ... は「…を頼る」、trust は「信じる」、let someone down は「…をがっかりさせる」。

You can say that again! ★☆☆

その通りだよ！

関連表現 **That's a fact, Jack!** ★☆☆　　　確かに！
I agree completely. ★★☆　　　　その通りだ。
I couldn't agree more. ★★★　　まさしく。

いずれも相手の主張に強く同意する表現。You can say that again! は「もう一度言ってもいいくらい正しい」、つまり「その通りだ」。fact は「事実」。couldn't agree more は「それ以上は同意できないだろう」＝「最高に同意している」ということ。

You don't want to know! ★★☆

知らないほうがいいよ！

関連表現 **I don't want to say.** ★★☆　　　言いたくないよ。
Really badly. ★★☆　　　　　　　ダメダメだった。
It's too embarrassing to say. ★★★　恥ずかしくて言えない。

何かの結果が恥ずかしくて言えないほど悪かったときのひとこと。You don't want to know. は「あなたは聞きたくないよ」が直訳ですが、「聞かないほうがいいよ」「恥ずかしくて言えないよ」というニュアンス。

A: It is really important that we get the contract for this
project. Are you sure you're ready for the negotiations?

このプロジェクトの契約を取ることはホントに重要なの。
交渉の準備はホントにできてるんでしょうね？

B: You can count on me.

信頼してください。

A: The Yankees got really lucky in their game last night!
They should have lost!

ヤンキースは昨夜の試合でラッキーだったよね！
負けてたはずなのに！

B: You can say that again!

その通りだよ！

A: You took your final exams this week, right?

今週は最終試験だったんでしょ？

B: Yes, I just finished yesterday.

うん、昨日終わったところ。

A: So how did you do?

で、どうだったの？

B: You don't want to know!

知らないほうがいいよ！

5 語フレーズ

You dug your own grave. ★☆☆   自業自得だよ。墓穴を掘ったね。

関連表現   **It's your funeral.** ★☆☆   自業自得だよ。

You made your own bed. ★☆☆   自分でやったことでしょ。

It's your own fault. ★★☆   自分自身のせいでしょ。

You dug your own grave. は「あなたが自分の墓を掘ったのだ」が直訳で、「自業自得だ」と相手を突き放すひとこと。You made your own bed. は「自分で布団を敷いたのだ（だからそこで寝なさい）」ということ。your funeral は「あなたの葬式」、your own fault は「あなた自身の失敗」。

You shouldn't have done that. ★★★   やるべきじゃなかったね。

関連表現   **That's not cool.** ★☆☆   それはダメじゃん。

That's not right. ★★☆   それはダメだよ。

That's wrong. ★★☆   それはよくないよ。

いずれも「相手のしたことがよくなかったことだ」「やってはいけないことだった」と伝えるひとこと。shouldn't have done は「やるべきではなかった」という意味です。

A: I can't believe I lost all my money at the casino!

カジノでお金を全部すったなんて、自分でも信じられないよ！

B: You dug your own grave. I told you not to gamble more than a hundred dollars.

自業自得よ。100ドル以上は賭けないでって言ったでしょ。

A: My wife and I got in a fight last night and I told her I was moving out.

昨夜、妻とケンカして、出て行くって言っちゃったんだ。

B: You shouldn't have done that.

それはやるべきじゃなかったね。

A: I realize that now.

今はわかってるよ。

274

J

K

L

著者

Chris J. Martin

アメリカのオハイオ州出身。大学時代に日本文化に関心をもち、日本語を専攻。アメリカで
出版社勤務を経て、フリーランスのライターとして記事執筆、翻訳、書籍編集などに携わる。
Web サイトなどの編集、制作、執筆に活躍中。趣味は旅行、ヨット。

リアルな表現　ふだん使いの英会話

2023 年 12 月 25 日　初版発行
2024 年 7 月 23 日　第 8 刷発行

著者	Chris J. Martin
発行者	石野栄一
発行	明日香出版社

〒 112-0005 東京都文京区水道 2-11-5
電話 03-5395-7650
https://www.asuka-g.co.jp

カバーデザイン	小口翔平＋畑中茜（tobufune）
カバーイラスト	芦野公平
本文デザイン	末吉喜美
本文イラスト	小雨そぉだ
組版	株式会社デジタルプレス
印刷・製本	株式会社フクイン

365 日の日常英会話フレーズブック

長尾和夫　アンディ・バーガー

1月1日から12月31日まで1年間の日常生活を通して、身近な英語表現を学べます。1日1ページずつ、「ダイアローグ」「今日のフレーズ」「Words&Phrases」を学習しながら、ネイティブがよく使う会話表現が身につきます。音声ダウンロード付き。

本体価格 1900 円＋税　B6 並製〈408 ページ〉2020/12 発行　978-4-7569-2124-6

決定版　英会話フレーズブック

多岐川恵理

日常生活の様々なシーンで使える、リアルな英語フレーズ集です。ネイティブがよく使うフレーズ、言えそうで言えなかったフレーズのほか、近年のライフスタイルに合わせて、SNS・エンタメ関連の表現も紹介。音声ダウンロードつき。

本体価格 2200 円＋税　B6 並製〈496 ページ〉2022/08 発行　978-4-7569-2225-0

それ、ネイティブ言わないよ！
日本人が間違えやすい英語表現 100

スティーブン・ミッチェル

日本人の多くが間違えて言ってしまう英語、カン違いしがちな英語を、日本で 20 年以上年教えているアメリカ人著者が身近な例（×の英文、〇の英文）を挙げながら分かりやすく解説します。ネイティブらしい表現、正しい使い方を理解できます。

本体価格 1350 円＋税　新書〈232 ページ〉2023/09 発行　978-4-7569-2283-0

著者

Chris J. Martin

アメリカのオハイオ州出身。大学時代に日本文化に関心をもち、日本語を専攻。アメリカで
出版社勤務を経て、フリーランスのライターとして記事執筆、翻訳、書籍編集などに携わる。
Web サイトなどの編集、制作、執筆に活躍中。趣味は旅行、ヨット。

リアルな表現　ふだん使いの英会話

2023 年 12 月 25 日　初版発行
2024 年　7 月 23 日　第 8 刷発行

著 者	Chris J. Martin
発行者	石野栄一
発 行	明日香出版社

〒 112-0005 東京都文京区水道 2-11-5
電話 03-5395-7650
https://www.asuka-g.co.jp

カバーデザイン	小口翔平＋畑中茜（tobufune）
カバーイラスト	芦野公平
本文デザイン	末吉喜美
本文イラスト	小雨そぉだ
組 版	株式会社デジタルプレス
印刷・製本	株式会社フクイン

365日の日常英会話フレーズブック

長尾和夫　アンディ・バーガー

1月1日から12月31日まで1年間の日常生活を通して、身近な英語表現を学べます。1日1ページずつ、「ダイアローグ」「今日のフレーズ」「Words&Phrases」を学習しながら、ネイティブがよく使う会話表現が身につきます。音声ダウンロード付き。

本体価格 1900 円＋税　B6 並製〈408 ページ〉2020/12 発行　978-4-7569-2124-6

決定版　英会話フレーズブック

多岐川恵理

日常生活の様々なシーンで使える、リアルな英語フレーズ集です。ネイティブがよく使うフレーズ、言えそうで言えなかったフレーズのほか、近年のライフスタイルに合わせて、SNS・エンタメ関連の表現も紹介。音声ダウンロードつき。

本体価格 2200 円＋税　B6 並製〈496 ページ〉2022/08 発行　978-4-7569-2225-0

それ、ネイティブ言わないよ！
日本人が間違えやすい英語表現 100

スティーブン・ミッチェル

日本人の多くが間違えて言ってしまう英語、カン違いしがちな英語を、日本で 20 年以上年教えているアメリカ人著者が身近な例（×の英文、○の英文）を挙げながら分かりやすく解説します。ネイティブらしい表現、正しい使い方を理解できます。

本体価格 1350 円＋税　新書〈232 ページ〉2023/09 発行　978-4-7569-2283-0